全国新型职业农民培育教材
农村基层党员干部素质教育教材

农村电子商务实训教程

NONGCUN DIANZI SHANGWU SHIXUN JIAOCHENG

■ 主编 周汝波 丁益民 曹德贵

云南科技出版社
·昆明·

图书在版编目（CIP）数据

农村电子商务实训教程/《农村电子商务实训教程》编委会编．--昆明：云南科技出版社，2017.9（2024.8重印）
ISBN 978-7-5587-0875-6

Ⅰ.①农… Ⅱ.①农… Ⅲ.①农村-电子商务-教材 Ⅳ.①F713.36

中国版本图书馆CIP数据核字（2017）第251115号

责任编辑：洪丽春
　　　　　曾　芫
封面设计：晓　秦
责任印制：翟　苑
责任校对：叶水金

云南科技出版社出版发行
（昆明市环城西路609号云南新闻出版大楼　邮政编码：650034）
云南灵彩印务包装有限公司印刷　全国新华书店经销
开本：889mm×1194mm　1/32　印张：4.375　字数：110千字
2017年9月第1版　2024年8月第11次印刷
定价：22.00元

编著委员会成员名单

主　编： 周汝波　　崔恒宇　　曹德贵　　丁益民

副主编： 张春明　　杨文燕　　钟顺和　　张　韬

成　员： 马立堂　　王　梦　　王新开　　王晓云
　　　　　尹葆青　　刘　辉　　关梦妮　　孙永斌
　　　　　杨义如　　杨仁道　　杨孝琴　　杨尔华
　　　　　杨永红　　杨玉婷　　吴国云　　何志勇
　　　　　江　峰　　张伟亮　　张明珠　　张竟文
　　　　　张　骏　　罗施军　　周润泽　　高　峰
　　　　　袁　燕　　彭黎明　　董联坤　　谢　冰
　　　　　蔡　涛　　熊　耀　　潘兴武　　段杰珠
　　　　　赵　林（西藏自治区昌都市农业科学研究所）
　　　　　魏治镭（西藏自治区昌都市农业科学研究所）

序

近年来,"农村电子商务"多次写入了中央一号文件。农村电子商务作为一种新兴业态,已经渗透到农业产业链全过程,正逐渐改变着中国农村经济发展方式和农民生产生活方式。它涉及农业经济发展、农村基础设施建设、农村物流、农民就业、农民生活品质提升等事关"三农"的全方位课题。发展农村电子商务是大众创业、万众创新的一个重要平台,也是加快建设现代农业的必然要求。农村电子商务的发展将极大改变农村商业模式。随着工业品下乡、农资下乡和农产品进城双向流通渠道的逐步完善,电子商务将进一步带动乡村旅游、农村医疗和金融服务等市场,更好地改善农民生活,推动城乡一体化发展。

云南省委组织部以基层党组织建设与脱贫攻坚结合起来,充分发挥综合服务平台作用,推动电子商务精准扶贫,利用党建综合服务平台向电子商务拓展,发展农村集体经济,鼓励农村基层党组织、党员骨干参与电子商务创业,形成了"党建+电子商务"精准脱贫新模式。广大农村以"互联网+现代农业"发展迅猛,形成了工业品下乡、农产品进城的大众创业创新热潮。

但农村电子商务的发展也存在着农产品标准化、品牌化程度低,管理部门和农村缺乏专业技术人才,物流配送体系不健全,有线上没有线下,网店建设滞后等诸多问题,广大农村基层党员干部群众创业、脱贫的愿望强,专业技能不高,急需开展农村电子商务培训。

通过培训要让农民真正了解电子商务、关注电子商务、学会电子商务、应用电子商务、离不开电子商务,通过电子商务这种形式实现农产品销售的扩大，实现更多农户的脱贫，实现农村旅游和新农村建设的特色纷呈。

为此，我们特组织编写了《农村电子商务实训教程》一书。该书具有先进，通俗，亲近，实用等特点。

先进：推广了最新农村电子商务的运作技能和运作模式。

通俗：科学设置讲课的内容，深入浅出，具有趣味性，从农民身边的小事、小变化讲起，让农民感受到互联网给自己带来的变化、电子商务给自己带来的变化。让农民通过手机做成一笔简单的交易，要培养农民参与的兴趣，要通过自身的经历让大家感到做好电子商务并不难。

亲近：讲一些农民身边的典型，让大家看得到、摸得着，更具影响力和感染力。作者多为农村电子商务实践工作者，结合自己成功的经验给大家一个现身说法，更具有影响效应

实用：大多数农民的文化水平不是很高，引导他们进行一些简单的操作，使他们循序渐进做好农产品的电子商务，学会选择一些有信誉、有较强运作能力的电子商务企业、加强与这些企业的合作。农民负责按要求、按标准生产农产品，电子商务企业负责网上的销售。

对农民来说"一看就懂　一学就会　一用就灵"。

在本书的策划编辑过程中，大地保险云南分公司王梦女士为该书的农业保险撰写了资料，西藏昌都农科所赵林、魏冶镭参与了该书的编写，为少数民族脱贫致富提供了帮助，在此一并致谢！

在本书的撰写过程中，著者参考了国内电子商务的相关文献，在此，对文献的作者表示感谢。

限于时间和水平有限，书中难免存在不足之处，敬请读者不吝批评、指正。

周汝波

目 录

理论篇

教程一　电子商务及其分类 …………………………………（3）

教程二　电子商务与传统营销的区别 ………………………（5）

教程三　什么是农村电子商务 ………………………………（8）

教程四　农村电子商务要做什么 ……………………………（10）

教程五　为什么要发展农村电子商务 ………………………（12）

教程六　电子商务进农村有什么好处 ………………………（16）

教程七　农村电子商务消费人群特点 ………………………（18）

教程八　农村电子商务的特点 ………………………………（20）

教程九　适宜农村电子商务发展的模式 ……………………（25）

教程十　典型案例及分析 ……………………………………（29）

教程十一　农村电子商务发展态势 …………………………（52）

教程十二　农村电子商务发展的对策选择 …………………（55）

教程十三　如何加快发展农村电子商务 ……………………（60）

教程十四　做好农村电子商务的策略 ………………………（62）

实操篇

教程一　农村电子商务创业应具备的能力 …………………（65）

教程二　如何做农村电子商务 ……………………………（67）

教程三　如何在网上卖出自己的农产品 …………………（69）

教程四　网络营销怎么做 …………………………………（81）

教程五　如何解决农产品在运输中的保鲜问题 …………（83）

教程六　怎样在网上购物 …………………………………（85）

教程七　网上购物需要注意什么 …………………………（88）

教程八　如何进行网络购物维权 …………………………（91）

教程九　农村电子商务与保险 ……………………………（94）

　　小贴士 ……………………………………………（94）

附　录 ………………………………………………………（96）

　　各级农村电子商务政策 …………………………（96）

农村电子商务实训教程
NONGCUN DIANZI SHANGWU SHIXUN JIAOCHENG

[理论篇]
LILUNPIAN

教程一　电子商务及其分类

一、电子商务是什么？

所谓电子商务是利用计算机技术、网络技术,实现整个商务(买卖)过程中的电子化、数字化和网络化。我们不再是面对面的、看着实实在在的货物进行买卖交易。而是通过网络,通过网上

信息搜索途径

商品信息、完善的物流配送系统和方便安全的资金结算系统进行交易（买卖）。

二、常见的电子商务的模式

常见的电子商务模式有：B2B、B2C、C2C、C2B、O2O、B2R 等。

1. B2B（Business to Business）

电子商务交易的供需双方都是商家（或企业、公司），他们利用网络技术或各种商务网络平台，完成商务交易的过程。

2. B2C（Business to Consumer）

就是我们经常看到的供应商直接把商品卖给用户，即"商家对用户"模式。

3. C2C（Customer to Consumer）

客户之间自己把东西放上网去卖，是个人与个人之间的电子商务。

4. C2B（Customer to Business）

比较本土的说法是邀约，由客户发布自己要些什么东西，要求的价格是什么，然后由商家来决定是否接受客户的邀约。

5. O2O（Online To Offline）

是指将线下的商务机会与互联网结合，让互联网成为线下交易的平台。

6. B2R（Business-to-Retailer）

是指商家或者厂家直接与终端零售商之间的一种贸易。

思考题

电子商务的分类有哪些？你以为最适合当地的是哪几种？为什么？

教程二　电子商务与传统营销的区别

一、内容方面的区别

1. 在产品上

在互联网上进行市场营销的产品可以是任何产品或任何服务项目；传统营销忽略了顾客的不成熟性和企业资源的有限性对市场营销的影响。顾客有时只是有一个创意，希望厂商提供解决问题的方案。市场变化的加快，产品种类的增加，要求厂商必须整合多种资源，寻求多方共赢的营销模式，这样才能满足顾客的多样化需求。

2. 在价格上

在互联网上营销的价格，可以调整到更有竞争力的位置上；传统的市场受地理条件和交通工具的限制，构建广泛的市场网络需要耗费大量成本。在现代市场中，产品多样化、需求个性化趋势不断加强，传统的生产制造模式为每一个顾客提供个性化产品的成本很高，所以拒绝了许多顾客对个性化产品的需求。

3. 在销售上

电子商务具有零距离和零时差的优势，改变了传统的迂回模式，可以采用直接的销售模式，实现零库存、无分销商的高效运作。传统的市场营销观念，如生产观念，产品观念，推销理念等，以企业的利益为中心，未能充分考虑消费者的需求，单纯追求低成本的规模生产，极易导致产销脱节现象的产生。传统营销是在现实空间中厂商进行面对面的竞争，游戏规则就像是"大鱼吃小鱼"。

4. 在促销上

信托互联网信息技术方式具有更丰富的内涵和实现方式;传统营销比较多的还是通过人际关系发展客户。在传统营销策略中,利润最大化是企业追求的目标,产品、价格、渠道和促销成为企业经营的关键性内容,以上的组合被称为 4P 营销策略。

5. 在决策上

通过互联网、大数据等信息技术的应用电子商务的决策内容更多、响应速度更快。

二、形式方面的区别

1. 交易虚拟化

在交易形式上,传统商务是近距离的现货交易,买卖双方是面对面的交流和谈判,并采用传统计算方式;电子商务则是通过将有形市场交易过程的电子化、网络化及市场形态的虚拟化、多元化,使得买卖双方有更大的时空选择。

蔬菜网销

2. 交易成本低

在信息传递上,传统商务利用信件、电话、传真传递信息,或者是工作人员口头交流，需要一定的成本；电子商务实行"无纸贸易"，买卖双方通过网络进行商务活动，无需中介者参与，减少了交易的有关环节。

3. 交易效率高

传统接触式的交易方式，在人员往返、信息传递上耽搁大量时间，有时由于人员合作和工作时间的问题，会延误传输时间，失去最佳商机；电子商务利用网络信息传递、计算机自动化处理克服了传统贸易方式费用高、易出错、处理速度慢等缺点，极大地缩短了交易时间，提高了整个交易的效率。

4. 交易透明化

买卖双方从交易的洽谈、签约以及货款的支付、交货通知等整个交易过程都在网络上进行。通畅、快捷的信息传输可以保证各种信息之间互相核对，可以防止伪造信息的流通。

农村电子商务比较传统营销具有哪些优点？

教程三 什么是农村电子商务

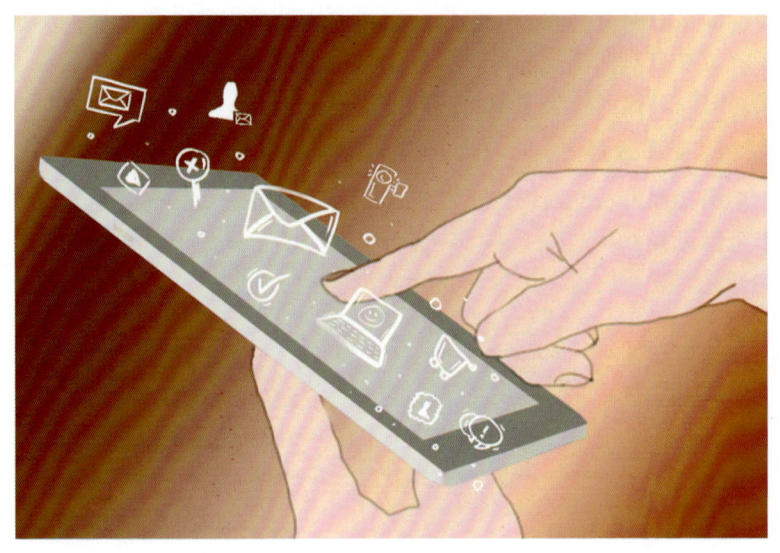

电子商务

电子商务,在大部分人的眼里就是网上购物,但实际上它并不局限于此。

商品的价值实现并不完全在生产过程,而在市场、在流通。

随着时代的进步和科学技术的快速发展,产品的营销业态也发生着巨大的变化。经济学者总结了10多种营销业态,按模式分类:购物中心、百货商店、便利店、专业店、专卖店、超市——批发零售模式;沃尔玛、家乐福——仓储模式;麦当劳、肯德基、星巴克、国美、苏宁——连锁模式;电视直销、物流配送、邮购、互联网、微商等模式。按品种分类:家居建材、五金机电、装饰材料、百货小商品、粮油农副、餐饮娱乐等。

而农村电子商务也愈来愈受到欢迎,已经在"一、二、三"产业融合发展中起到积极作用。

如果将农村电子商务简单定义为向农村卖货的平台在一开始就理解错了概念。

农村电子商务是指利用互联网、计算机等现代信息技术,为从事涉农领域的生产经营主体提供在网上完成产品或服务的推广销售、购买和电子支付等交易业务的过程。

农村电子商务是通过使用互联网等信息化工具,使公司内部、供应商、客户和合作伙伴之间,利用互联网信息技术,实现企业间业务流程的信息化,配合企业内部的信息化生产管理系统,提高企业的生产、库存、流通和资金等各个环节的效率。

农村电子商务是指通过互联网嫁接各种服务于农村的资源,以农村产品上行营销为核心任务,同时拓展农村公共政务服务、创新创业服务、人才培育培训、农村信息服务等服务领域,使之兼而成为遍布县、乡、村三级的电子商务产业综合服务体系。

思考题

1. 名词解释

农村电子商务

2. 理解判断

(1) 商品的价值实现完全在于生产过程(×)
(2) 电子商务就是网上购物(×)
(3) 农村电子商务愈来愈受到欢迎(√)

教程四　农村电子商务要做什么

农产品网销

农村电子商务要让农民受益，不是简单地让农民进行网购，更多的是要推动农村产品在网上进行推广和销售，同时提供各种生活上的便利,例如缴费、贷款、医疗等,让农民和城镇居民一样享受互联网时代的方便与快捷。

农村电子商务要考察落地区域的经济现状,因地制宜推动工业品和农产品的双向流通,促进当地县域经济的发展,让农民能够增收减负,逐步减小城乡之间的差距。

农村电子商务还应当响应国家号召,承担一定的社会责任,协助县级政府开展电子商务精准扶贫,让更多的贫困地区、贫困人口能够受益。可见,发展农村电子商务并不是简简单单拉根网线,租台电脑就行了,它涉及县域经济发展的方方面面,可以说是要在当地建立一个良性循环的电子商务产业生态圈,实现信息资源的整合共享,提高生产效率,增加生产总量。

1. 农村电子商务的工作目标是什么?

教程五　为什么要发展农村电子商务

一、农产品市场存在的问题

（1）中国地域辽阔，地形地质条件又不利于交通，因而消息闭塞，信息不灵，这就造成了产销脱节及资源、产品无法输出，而商品只有卖出去才能得到社会承认，其价值才能得到实现。

（2）农产品的产销过程环节多、复杂且透明度不高，其交易市场集中度较低，买卖主体众多，交易信息的对称性较差。

传统农产品销售成本高

（3）农产品流通不畅已成为阻碍农产品和农村经济健康发展、影响农民增收乃至农村稳定的重要因素之一。其中农产品流通环节长，交易成本高，供需链之间严重割裂造成的农产品的结构性、季节性、区域性过剩，是农产品市场存在的普遍性问题。

二、农产品市场问题存在的原因

1. 广而散的生产方式（小生产）与大市场的矛盾

在农村，大多数农民只是靠看电视、听广播，或看看左邻右舍种什么，自己跟着种；今年什么东西好卖，明年就种植什么。不仅缺乏快捷、准确捕捉市场信息的能力，更缺乏科学的市场分析和预测，结果造成产品多了烂，少了抢。农产品难卖，其实质问题是小农经济的生产经营与大市场、大流通不相适应的矛盾，即单个农户、小规模农产品组织搜集、捕捉、分析市场信息的能力差，从而导致农产品结构调整滞后，生产、技术、加工、流通信息不灵以及农产品流通的网点、规模、设施等与农产品市场的发展需求极不相称，适应农村市场商品流通的体系不健全等等，这种矛盾正在加剧。

2. 农产品交易手段单一，交易市场管理不规范

现在传统的方式主要是一对一式的现货交易，现代化的大宗农产品交易市场不普及，期货交易、远期合约交易形式更少。这种状况造成交易市场运作的效率很低。同时，尚处在初级阶段的农产品交易市场，市场秩序和管理比较混乱，农产品掺假掺杂，经营欺行霸市，地区封锁，行业垄断等不良现象普遍存在。

因此，农产品如要走出困境，建立市场信息畅通，规范、高效农产品流通新格局刻不容缓。

三、农村电子商务，给我国的农产品流通注入了新的生机和活力

电子商务将农产品生产的产前、产中、产后诸环节有机地结合

到一起,有效地解决农产品生产与市场信息不对称的问题,提高农产品的组织化程度,极大地促进了农产品的产业化发展。

我国的一些农副产品如蔗糖、水果、中药材等交易的数量大,次数多,市场变化快;其产销变化也非常快,交易对象和主体经常置换,需要不断搜寻新的更合适的交易对象,这都给电子商务的发展提供了很好的机会。

大宗初级农产品例如蔗糖、玉米等,规格整齐划一,易于标准化,交易量大,比较容易适应于电子交易;并且这些农产品的市场竞争激烈,价格波动大、透明度差,通过电子商务可以构造一个全国性的统一市场交易平台,甚至同全球农贸市场接轨,以帮助此类农产品的产销各方更好地掌握市场脉搏,抓住商机。

我国盛产的农副产品如各类水果、肉类养殖品等,具有季节性强、易腐烂等特性,要求快速交易及完备的运输储藏手段,这正是电子商务的介入点所在。

农产品是一种供给弹性较大而需求弹性较小的商品,并且农产品的生产都需要一定的生产周期,一旦决定本期农产品的生产规模,在生产过程完成之前一般不能中途改变。因此,市价的变动只能影响到下一个生产周期的产量,而本期的产量只会决定本期的价格,这就是经济学中蛛网理论描述的状态。根据这一理论,当商品供给弹性大于需求弹性时,产品价格会处于一种越来越不稳定的状态,价格和产量的波动会越来越大。

农产品生产的稳定直接关系到社会的稳定,为了保持这种稳定,除了采取必要的政策措施以外,应该开展农产品电子商务,让农产品的生产者能够以一种新的途径及时地了解生产信息,根据市场合理地组织生产,避免产量和价格的巨大波动带来的不稳定。

农村电子商务,给我国的农产品流通注入了新的生机和活力。从传统模式下的农产品手对手交易,到通过对各种资源的整合,利用先进、便捷的互联网技术,搭建农产品信息应用平台,在网络上组织和实施农产品的交易,这是一个历史的必然趋势,对改善农产品价值链和提高农产品竞争力有着极大的促进作用,也必将对农村经济体制改革产生深远的影响。

为什么说开展农村电子商务是历史的必然趋势?

教程六　电子商务进农村有什么好处

电子商务下乡

1. 让在农村的消费者足不出户就能够享受到来自全国乃至全球的商品

比如来自上海、北京、纽约、伦敦、东京的商品，让人们去尝试新鲜的东西，通过网购买到来自全国各地的特色产品，来自世界各地的新产品，使所有的农村居民都能够更好地在网上消费。

2. 让优秀的人才能够留在农村,依托农村进行互联网创业

通过互联网,农民不用进城打工,不用进城找各种工作机会,也能够依靠家乡的资源,各种特色,通过网络进行创业,带来服务业衍生的发展机会,包括类似于物流、培训等各种各样服务的机会。

3. 让农民在进行耕作的同时,获得性价比更好的生产资料

农民的生产资料的供给和需求,通过互联网的方式能够更好地满足,把不合理的中间差价消灭掉,让农业生产者获得更多优质优价生产资料带来的实惠。

4. 帮助农业生产者更好地把产品销往全国各地乃至销往世界各地

5. 完善农村的基础设施建设

农村电子商务要想持续、稳定的发展,必须要有完善的基础设施作为依托。这其中最关键的就是对网络的建设和对乡村道路的改造。随着农村电子商务的深入发展,这些基础设施也会随之得到完善。

判断理解

1. 农村电子商务让农村消费者足不出户就能够享受到来自全球的商品。(√)
2. 农村电子商务让优秀的人才都能够在农村。(√)

教程七 农村电子商务消费人群特点

随着经济全球化和信息技术、信息产业的迅速发展,电子商务将成为信息交流的热点。同时,电子商务由于其自身便捷性、多元性的特点,已成为当前社会消费的不可或缺的方式,尤其是在农村时尚青年的消费群中。

1. 农村网购人群偏年轻

首先在这个市场里面最重要的特点就是年轻,农村网购人群要比城镇的网购的人群年龄显得更加年轻,其中主力的消费人群是20~29岁,占了32%。农村30岁以上网民的占比是低于城镇的,所以其实在农村市场里,恐怕是一些更年轻的人会来接受这个市场,所以随着新的一代人在农村的消费的呈现,可能随着他未来五年或者十年的长大,这个主力的消费人群在农村市场比城镇里头来得更加有力量。

农村手机使用

2. 农村网民手机上网占比高达 84.6%

农村网民手机上网占比高达 84.6%，高出城镇的 5 个百分点。这是很有意思的一个现象。PC 互联网时代是城镇的网购市场的高成长时代，但是在移动互联网时代，由于手机的方便性和低成本，使得农村网购市场反而是高增长的市场。

3. 农村居民网购目的不是买便宜

分析一下网购消费者的需求特征我们发现，他们买的东西主要是日常开支、生产资料和日用品、家电、服装等，对服务的需求主要是社保、资金的转存或者水电煤的缴费。调查发现，大部分的村民现在只购买日常买不到的商品，所以可能淘宝这样的一个生态体系，提供给这些村民的最大价值是买那些买不到的，而不是买便宜的。村民每年网购消费的金额是预计 500～2000 元不等的情况。农村的居民对网购商品模式的接受度也达到了 84.4%。

数据表明，农村网民数量在不断攀升，城乡、农村等三、四线区域拥有大量潜在网购人群，农村将为电子商务企业和互联网零售商提供一个更广阔的市场。

同时我们也不难发现电子商务下沉是必然方向。事实上，早在几年前零售及电子商务企业就已将战略部署向三、四线城市拓展，至 2014 年中旬电子商务企业已将触角深入农村。

农村电子商务消费人群特点，你想到了什么？

教程八　农村电子商务的特点

电子商务宣传

一、农村电子商务政策不断出台

农村电子商务政策不断出台，主要归纳为促进方面的政策、规范和监管方面的政策、促进其长期发展的政策。主要有：一是2016年中央一号文件，再次提加强农村电子商务；二是国务院文件，如国务院发布《"互联网+"行动指导意见》，明确11项重点行动，如国务院《关于大力发展电子商务加快培育经济新动力的意见》、国务院《关于推进国内贸易流通现代化建设法治化营商环境的意见》、《中共中央国务院关于深化供销合作社综合改革的决定》；三是商务部等部门文件，如商务部等19部门《关于加快发展农村电子商务的意见》，如《"互联网+流通"行动计划》，商务部、财政部《关于开展电子商务进农村综合示范工作的通知》；四是农业部等部门文件，如《推进农业电子商务发展行动计划》等，同时地方政府也相继发布了许多农村电子商务或者农产品电子商务的文件，促进农村及农产品电子商务的发展。

二、农村电子商务进入兼并重组阶段

自2015年以来，我国农村电子商务进入第8个发展阶段，这就是兼并重组阶段，阿里持股苏宁、京东入股永辉超市、美团与大众点评合并、去哪儿与携程合并、快的打车和滴滴打车合并（这是间接影响）。前一个阶段是农村电子商务多种融资高峰。

三、农村电子商务模式多样

农村电子商务模式多样，主要表现为：浙江遂昌模式，是指（综合服务商+网商+传统产业）；浙江丽水模式，是指（区域电子商务服务中心+青年网商）；吉林通愉模式，是指（生产方+电子商务）；河北清河模式，是指（专业市场+电子商务）；陕西武功模式，是指（集散地+电子商务）；货通天下农商产业联盟模式，是指农产品供应商+联盟+采购企业等。实际上可以从不同的角度来划分，可以分为许多不同的模式，但是能够真正算得上的模式并不多。

四、农产品电子商务看似容易，实则难

许多农产品电子商务网站和企业亏损十分严重，不断有企业亏损倒闭，如2015年12月倒闭的水果营行，此外还有特土网、采购兄弟、后厨网、土鸡91、花样生活、正源食派果蔬帮、小农女、慢品时光、卡卡鲜、菜管家、吉哆生活网、优菜网等，昙花一现。

原因是多样的，但是，在现有的营商环境下，农产品优质不一定能够优价是一个十分重要的问题。

五、农资电子商务仍然是农村电子商务的软肋

农资电子商务具有较大的市场空间，但是农资电子商务在发展过程中十分艰难，具体来说，一是数量较少，二是经营量和交易额不高，三是假冒伪劣商品较多，四是没有成熟的商业模式，五是起步较晚，需要有一个培育的过程。

六、淘宝村镇县建设进入新阶段

从2009年开始，至今已经7年，淘宝村经历了萌芽、生长、大规模复制、模式创新等4个阶段，截至2016年年底，全国范围内符合标准的淘宝村达1311个、淘宝镇135个，覆盖活跃网店超过30万家。这些淘宝村分布于18个省市区，其中，浙江、广东、江苏淘宝村及淘宝镇数量位居全国前三位。浙江有506个淘宝村，广东262个，江苏201个，淘宝村集群带动效应强劲。全国淘宝村创造了超过84万个就业岗位，淘宝村已成为草根就业的主要渠道。

七、劣币驱逐良币问题制约农产品电子商务发展

当前农产品电子商务主要采取低价竞争为主要手段，频繁促销的疲劳消费为主要方式，假冒伪劣产品盛行，刷单现象严重，已经严重影响到农产品电子商务可持续发展，特别是生鲜农产品电子商务，如不能解决生鲜产品标准化及物流问题，劣币驱逐良币的情况加剧，生鲜电子商务前途渺茫。

八、农村微商进入一个新的高潮时期

农村微商是伴随着农村手机网民的增多而发展起来的，主要由三个方面构成，一是微店，二是微店平台，三是微商技术服务商。

目前表现为：一是多层次代理，有些具有传销的性质；二是微来购和云微商；三是极享平台；四是微商城，这是一种比较广泛的形式；五是微信公众号平台，其中微商 C2B 模式相对盛行。各地有很多做得较好的微商，是比较广泛应用于农村电子商务的一种形式。

九、供销社电子商务异军突起拭目以待

2015 年 11 月 5 日，全国供销合作社电子商务平台"供销 e 家"正式上线，这标志着具有供销合作社特色的知名电子商务综合平台将成为引领农村电子商务发展的"国家队"，更好地为供销社系统服务、为"三农"服务。"供销 e 家"以农村和农产品电子商务为重点，提供完善的网上交易功能和服务功能。其中，交易功能主要围绕农产品、农业生产资料、日用消费品和再生资源等供销合作社传统业务领域，提供 B2B 大宗交易、批发交易、B2C 零售交易、O2O 在线交易等多种交易方式；服务功能主要包括支付结算、金融服务、物流融合、质量认证和产地追溯、为农服务、便民服务、技术支撑、培训服务等丰富多样的服务。"供销 e 家"将突出供销社系统的业务特点，开设特色农产品销售专区，有效解决农产品卖难问题；发挥合作经济组织的资源优势，建立农产品产销对接、农业社会化服务、国际合作社商品直供等专区，着力打造果品、食用菌、茶叶、棉花、农资等传统产业专区；提供"供销云"技术服务，为各级供销合作社开展农村电子商务提供后台大数据、云计算等技术支撑，有效减少地方供销社在软硬件方面的资金投入，并在技术上始终保持行业领先水平。

十、阿里、京东、苏宁等纷纷下乡

众多电子商务大佬下乡，如淘宝："生活要想好，赶紧上淘宝"；京东："发家致富靠劳动，勤俭持家靠京东"；百度："要销

路,找百度"("养猪种树铺马路,发财致富靠百度");腾讯:"手机玩得好,要靠应用宝","装了应用宝下载快又好";360:"360家庭卫士(摄像头),防火防盗防家暴";网易:"用易信,省话费";当当:"老乡见老乡,购物去当当";苏宁:当心花钱买假货,正品省钱来苏宁;龙宝:要想吃得好,就得上龙宝;邮政:"邮政物流真可靠,跑了和尚跑不了庙"。

农村电子商务有哪些特点不利于发展电子商务?我们应当如何应对?

教程九 适宜农村电子商务发展的模式

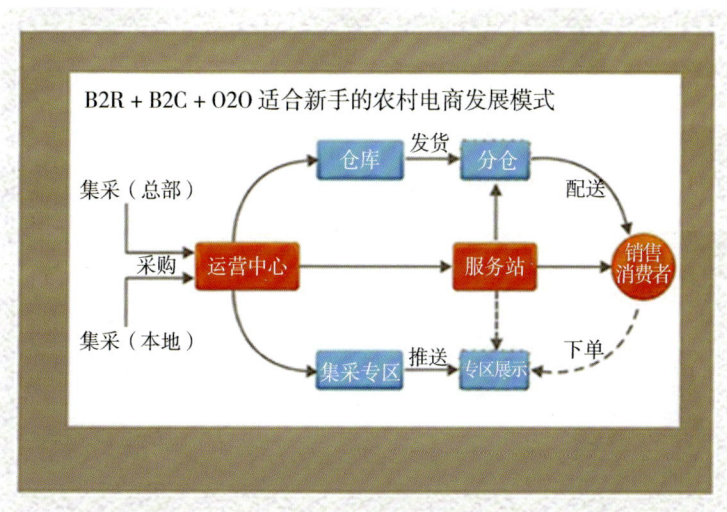

进军农村市场远不同于城市,基于农村用户对网络的陌生程度以及农村市场的特殊性和局限性,应高度重视选择一个最适宜农村市场的电子商务模式。

运用"B2R+B2C+O2O"农村电子商务模式,切实考虑到农村实际现状和困难,充分利用互联网优势并将其引入农村市场,方才有望在积极响应我国助推农村电子商务政策号召的同时,真正做到提高农村居民生活品质。

(1)通过在县、乡、村三级开拓电子商务服务站,进行网络导购代购,帮助农村消费者如愿购买网络商品;农村电子商务平台通过结合互联网优势和农村市场特殊性,首创新型"B2R+B2C+

O2O"区域农村电子商务模式,走"三管齐下"的符合中国农村市场特色的电子商务发展道路。

(2)电子商务企业进军农村市场,需充分利用互联网技术,调动本地农业资源,号召电子商务人才下乡。而真正能全面达到这种效果,并非单纯依靠某一种 B2C、C2C 或是 O2O 电子商务模式。成功的农村电子商务模式不仅要打造一个"工业品下乡"和"农产品进城"的双轨 B2C 电子商务服务平台;更需构建一个线下(实体店)体验、线上(农村电子商务平台)购买的 O2O 服务环境。

农村电子商务应通过在全国各市级建设电子商务公共服务中心,在各县、乡、村开设子级电子商务服务站点(小卖部),与当地资源丰富的社区展开深度战略合作,进而铺天盖地完善农村消费市场设施,潜移默化改变农村用户消费习惯。让农村消费者以半自助形式在本地村级服务站买卖商品,从而根本解决传统农村市场商品价格高、选择少,以及农产品滞销难卖的问题。

网销策略

（3）农村电子商务服务平台需采用内部集采 B2R 系统模式，在所有商品都通过正规渠道审核批准后，直接由各地公共服务中心和服务站点在产地进矿集采、产销对接，并整合仓储和物流，实现代销一体化管理系统，形成具有本地特色的区域化农村电子商务服务平台模式。此外，服务中心还将一些优质农特产，集中在网络商城首页专区进行重点推广，卖向全国各地消费者和其他区域电子商务服务中心、各级服务站点。

（4）在这种农村交通相对落后的情况下，解决商品配送、仓储等物流问题也是"电子商务下乡"亟待逾越的障碍。就目前现存的各种农村电子商务模式来看，消费用户在网络商城购买完商品后，货品真正配送到家的往往属于一、二线发达城市，并没有给农村消费者带来明显的便捷性。

新型农村电子商务则通过与大型物流公司协作，订制"全国快递巨头+县级物流公司"抱团取暖的整合模式，打通电子商务下乡"最后一公里"。商品在各级电子商务服务站（体验店）下单后，由区域内市县级运营服务中心，直接配送指定货品到该服务站点后，相关负责人统一通知下单者前来签收即可。基于各级服务站点所选购的商品均由所属上级的市运营服务中心仓库管理配送，切实开创了厂家直接面向零售商的 B2R 新型电子商务模式，真正减少流通环节，做到了让农村消费者就近购物、就近提货。

（5）许多如茶叶、烟、酒知名生产企业一般都开设有自己的电子商务平台，销量不大，仅起到企业的价格标杆作用，主要还是依靠专卖店和分销网商开展营销。

挣钱的农产品电子商务类型

供应链及互联网品牌取胜：三只松鼠、百草味、西域美农、西域果园　褚橙

线下品牌取胜：赣南脐橙、烟台苹果、新疆大枣、五常大米、阿里克苏苹果

创意营销取胜：小而美网商（新农人）、新品牌

社区O2O电子商务：水果社区+配送+互联网营销

从上述电子商务发展模式中，请你找出当地适合的模式。

教程十 典型案例及分析

一、典型案例

案例一

大理州电子商务产业战略定位

为贯彻落实国务院《关于大力发展电子商务加快培育经济新动力的意见》（国发〔2015〕24号）、云南省人民政府办公厅《关于促进农村电子商务加快发展的实施意见》（云政办发〔2016〕69号）等文件精神，提高工作的科学性、规范性和可操作性，加快推进大理州电子商务发展，努力将大理州打造成为全国性领先的电子商务示范州市，在农村电子商务、旅游电子商务、跨境电子商务、电子商务精准扶贫等领域取得重大进展。大理州电子商务发展战略总体定位为：国家电子商务进农村综合示范州市、南亚东南亚跨境电子商务示范区、高原特色农产品电子商务示范区、旅游文化电子商务产业聚集区。

1. 国家电子商务进农村综合示范州市

将发展电子商务进农村综合示范作为推进经济社会发展、改善民生的战略任务，整合支持促进电子商务发展的各项资源，举全力实施电子商务进农村综合示范的各项工作，在宾川、剑川、祥云3个县已成功获批国家电子商务进农村综合示范县的基础上，推进漾濞、弥渡、南涧、巍山、永平、云龙、洱源、鹤庆8个各级贫困县开展电子商务进农村综合示范县申报工作，全力将大理州打造成为国家电子商务进农村综合示范州市，推动农村电子商务成为我州经济社会发展的新引擎。

2. 南亚东南亚跨境电子商务示范区

随着一带一路、长江经济带、9+2泛珠三角合作、大湄公河次区域合作、孟中印缅经济走廊等国家发展战略的不断深入,云南成为电子商务及跨境电子商务发展的"风口",在面向南亚、东南亚辐射中心中占有重要地位。以电子商务领域的开放促进生产和消费的全流程再造,加强跨境电子商务配套建设,力争将大理州打造成南亚东南亚跨境电子商务示范区,形成构建开放型经济新体制的内生新动力。

3. 高原特色农产品电子商务示范区

立足大理州的资源优势,突出区域特色,加强农产品电子商务市场主体培育和人才培养,不断丰富农产品电子商务发展形势,探索季节性农产品的网络营销机制,构建全渠道的农产品网络营销体系,培育优质农产品品牌集群,强化农产品质量监管,建立农产品检测和溯源制度,建设农产品电子商务标准体系,积极探索和创建适合大理区域农业发展的电子商务模式,打造农产品新型流通业态,促进农业增效和农民增收,推进大理州现代农业发展健康快速发展。

4. 生态旅游电子商务产业聚集区

以大理丰富的旅游资源为核心,以国家全域旅游示范区的创建为抓手,积极发挥大理历史文化、民族文化、非物质文化产品特色,加快各类景区资源的线上移植改造,积极构建大理州旅游文化资源一体化产品体系,在云南各类全国知名旅游景点路线当中增加大理州的比重,积极融入大香格里拉和滇西北旅游圈的线上产品,同时突出大理旅游特色,引导文化游和深度游,促进景区资源和游客资源的线上对接,形成丰富的在线旅游服务模式,发挥产业集聚效应,形成线上线下结合、全渠道营销的旅游文化电子商务产业聚集区。

案例二

云南供销电子商务股份有限公司
秉承供销精神推进农村电子商务

为了主动适应和探索"互联网+供销合作社"模式，加快打造"网上供销社"，积极推进以农业生产资料和农产品购销为主的农村电子商务发展，2016年3月，云南省供销合作社联合各州（市）、县（市、区）、乡（镇）四级供销合作社企业和农民专业合作社、涉农龙头企业，共同发起成立了云南供销电子商务股份有限公司，作为省供销合作社推动高原特色产业发展，推进供销系统电子商务发展的重要抓手。

云品惠——让云品出山，网货进村

供销电子商务公司坚持为农、务农、姓农的方向，从实质上帮助农民解决购销难的问题。为了让"云品出山，网货进村"，构建城乡双向流通，公司创建了集云南高原特色农副产品、农资、日用消费品为一体的综合电子商务平台——"云品惠"（www.coopyph.com），围绕云南农产品的"精品"、"名品"，开设地方特色馆，设置农副产品、农业生产资料、日用百货、扶贫专区、民族特色区和跨境电子商务区等六个板块，重点推介云菌、云茶、云菜、云果、云药等"云品"及农业生产资料、日用消费品等产品，为工业品进村、农产品进城搭建畅通、便捷、高效的服务平台。同时，线下大宗农产品交易、国际贸易、政策咨询服务等也是公司服务"三农"，耕耘供销电子商务的重要业务板块。截至目前，"云品惠"电子商务平台实现销售额1.4589亿元。

云南供销电子商务合作联盟——系统内外联合合作的共赢平台

为了推进系统内外的联合合作，目前公司牵头发起成立云南供销电子商务合作联盟。截至目前15个州（市）供销合作社、119个县级供销合作社，均与供销电子商务公司达成电子商务合作联盟共识。

依托平台——打造三个一体的电子商务生态系统

供销电子商务公司依托"云品惠"网络平台（B2B/B2C），构

建三个一体的电子商务生态系统:销售和服务为一体,农产品上行和农资日用百货下行为一体,线上和线下为一体。搭建三个共赢圈:实现农产品生产及加工基地与销售渠道对接共赢圈,实现系统内部和跨行业的贸易联盟共赢圈,实现全面提升和改造供销合作社基层经营服务网点信息化水平的服务共赢圈。

开展跨境贸易——让云品走出国门

云供销电子商务公司依托云南沿边开放和面向南亚东南亚的区位优势,加大与周边国家相关企业、合作组织的商贸洽谈,积极开展线下国际贸易并布局跨境电子商务业务,目前开展以咖啡豆、白芸豆、食用菌为主的国际贸易,并在"云品惠"上布局跨境电子商务业务模块,实现云南高原特色农产品出口。

志存高远,任重道远。供销电子商务公司将秉承供销合作社的"扁担精神"和"背篓精神",以云品惠为平台,云南供销电子商务同盟为载体,推进跨地区、跨层级的合作与交流。扎根农村,用心做企业,真情做服务,立志成为云南供销电子商务的整合者,云南农村电子商务的主导者,为云南高原特色现代农业发展做出积极贡献。

热忱欢迎有志之士加入团队!热烈欢迎党委、政府及有关部门领导前来指导工作!欢迎农民专业合作社、种植大户、涉农企业等各界人士前来洽谈业务。

公司官网:http://www.coopygx.com/("云供销")

公司平台:http://www.coopyph.com/("云品惠")

淘宝企业店:https://shop560633065.taobao.com("云供销")

联系方式:0871-68333107

微信公众号:云供销电子商务(yngxds)

案例三

乡土公社 助推大理"互联网+现代高原特色农业"发展

云南乡土公社电子商务有限公司,创立于2013年12月,是云南本土领先的电子商务产业公共服务商,云南省互联网零售业协会副会长单位、大理州电子商务协会会长单位,是大理州电子商务公共服务平台、大理州电子商务创新创业园的建设运营服务机构，是大理州、洱源县、漾濞县、弥渡县等州县电子商务公共服务中心的创办人及理事长单位，是大理州重点扶持的电子商务龙头企业。

2014年初，在大理州农业局牵头下，引入云南乡土公社电子商务有限公司，与大理州农科院合作规划建设以"一馆·三网"为核心架构的大理州州级农产品电子商务运营服务平台，即：与开放电子商务平台合作打造地方特色馆"大理馆"，自建大理特产网、大理农产品交易网及大理州农业科技服务网三个服务平台。与开放电子商务平台合作的"大理馆"项目，目前已开通了淘宝特色中国·大理馆、苏宁易购中华特色馆·大理馆、漾濞馆、祥云馆，工商银行"融e购"·大理高原特色农产品生态馆等多个地方特色产品网络营销平台，建立起了一套系统、完善的农村产品电子商务全网营销服务体系。

图1　中国工程院院士朱有勇、云南省高原特色农业产业研究院副院长张郭宏一行视察大理州电子商务公共服务中心

根据大理州现阶段农村电子商务发展刚刚起步、互联网+现代农业发展基础薄弱的现状，云南乡土公社电子商务有限公司因地制宜进行服务平台的架构，重在互联网+现代高原特色农业产业发展环境的搭建和产业发展基础支撑体系的建设，以产业公共服务体系建设为核心，通过政府购买公共服务、企业市场化运作的方式，充分发挥市场在资源配置中的决定性作用，服务范围覆盖了全产业链，构建了一个相对完善的互联网+现代高原特色农业产业发展生态圈。

图 2　云南省农业厅厅长王敏正、云南省农业科学院院长李学林、大理州州长杨健一行视察大理州电子商务公共服务中心

按照电子商务精准扶贫工作的要求,云南乡土公社电子商务有限公司实施了"电子商务精准扶贫"示范工程,积极探索适合本地农村电子商务发展的新模式,于2015年12月启动了漾濞县太平乡电子商务精准扶贫示范项目建设工作,2016年12月启动了洱源县电子商务精准扶贫示范项目建设工作。

图 3　云南省委常委、宣传部部长赵金一行视察洱源县电子商务精准扶贫示范项目建设工作情况

2015年3月,云南乡土公社电子商务有限公司启动了巍山县红雪梨品牌创建示范区建设项目,与巍山县农业局联合打造"巍山红雪梨"区域公用品牌。巍山红雪梨经过经营规模化、生产标准化、产品品牌化的优质农产品品牌形象包装,成为巍山县产业扶贫的新典范以及巍山老百姓致富增收的绿色支柱产业。

为建设立足于大理独具区域特色的生态农业资源优势的农产品区域公用品牌,公司于2017年3月正式启动《大理高原特色优质农产品区域公用品牌战略规划》,开展"大理味道"区域公用品牌建设,将构建具有独特市场竞争价值的大理高原特色优质农产品区域公用品牌形象。

图4　巍山红雪梨区域公用品牌形象宣传海报

附:云南乡土公社电子商务有限公司主要店铺网址及微信号:
淘宝特色中国·大理馆:http://dali.china.taobao.com
苏宁易购中华特色馆·大理馆:http://daliguan.suning.com
淘宝店铺彩云南特产商城:http://yntcsc.taobao.com
淘宝店铺大理特产商城:http://dltcsc.taobao.com
云南农产品交易网:http://www.ynncp.com
大理特产网:http://www.dalitc.com

联系方式：0871-65229778，13888032033

微信公众号：

乡土公社微信公众号

大理特产网微信公众号

案例四

洱源：农村电子商务助推产业扶贫驶入快车道

洱源县积极探索电子商务精准扶贫的"洱源模式"，不断推动以农村电子商务为主体的网络扶贫工程，打造洱源县农特产品网络营销平台，为藏在大山里的产品找到了市场，助推产业发展，让互联网发展成果逐步惠及全县人民。

家住凤羽镇起凤村的张跃堂一家世世代代制作凤羽砚台，一直以来，他们家只能靠实体店代销和各种展销会把砚台卖出去。省委宣传部、省委网信办网络扶贫重点项目启动后，张跃堂家的砚台上了彩云优品、苏宁易购、淘宝等电子商务平台，产品实现了线上销

理论篇

售。利用电子商务平台,张跃堂卖了100多方砚台,产品销往北京、上海、广州等地,收入5万多元,对线上市场进行分析后,张跃堂及时调整了设计理念和营销思路。身为洱源县凤羽砚台工艺品厂厂长的张跃堂告诉记者:"目前,我正在着手设计一些价格适中,适合在网上销售的产品,通过网络,让凤羽砚台走向全国各地。"

为切实打通商品销售的网络渠道,助力产业扶贫发展,巩固脱贫攻坚成果,帮助群众增收致富,自省委宣传部在洱源县实施网络扶贫项目,建立洱源县电子商务公共服务中心以来,入驻该中心的云南乡土公社、中国移动彩云优品、大理特产网等电子商务企业通过网络营销平台推出扶贫专区,通过手机话费补贴、免收推广费等方式,针对洱源县当地企业、专业合作社、农户的农特产品和文化旅游产品开展线上线下优惠活动,打响云上"洱源"品牌。"我们在网上经常购买洱源的特产,像乳扇、砚台、雕梅这些,买了以后

直接邮给亲戚朋友，他们喜欢我们也方便"，正在地热国旅游的游客邓海燕如是说。消费者李烨华也说道："在彩云优品上买的话不用我们出运费，既方便还有话费送，我觉得很划算。"

对于洱源县农特产品销售的电子商务平台的未来发展，省委网信办、洱源移动分公司、洱源乡土公社文化传播有限公司也极力为其保驾护航。洱源移动分公司总经理史银凤说："我们公司将利用公司的网络优势和全省3000多万移动客户资源优势，把彩云优品这一平台运行好，让更多洱源的产品销出去，让更多的农户受益。"洱源乡土公社文化传播有限公司总经理崔恒宇表示："下一步，我们打算以本地特色文化产品，带动区域特色农产品，继续扩大洱源地方特色产品在京东、淘宝、阿里巴巴等电子商务平台上的营销力度"。省委宣传部驻福田村第一书记宇振华信心满满的说："省委宣传部通过在洱源县实施网络扶贫项目，打通商品销售的网络渠道，为群众增收致富，打下坚实基础，我们的目标设想是带动产业发展，推动企业成长，一年见成效，三年翻两番。"

据了解，洱源县自2016年12月份启动网络扶贫以来，已有20多家企业、合作社的300多个产品上线销售。洱源县将继续以电子商务精准扶贫的方式助推扶贫攻坚战，采取"1+9+90"的方式，在县城建1个服务中心，在9个镇乡建9个服务站，在90个行政村建90个服务网点，完善县域农特产品网络营销平台，实现县乡村三级实现电子商务精准扶贫公共服务体系全覆盖。

案例五

电子商务集结"漾濞特产"走出大山助农增收

大理白族自治州漾濞县山清水秀，气候宜人，盛产的核桃、水果、畜产品等农副产品品质高、无污染。特别是漾濞核桃，种植历史悠久，农民人均核桃种植核桃10亩以上。据统计，漾濞核桃品种约占全国7800万亩种植面积的50%以上，占云南省4200万亩种植面积的70%左右。

受制于交通、信息等因素，传统的销售模式已跟不上时代的步伐，难以满足市场的需要。为进一步实施地方名特产品牌营销战略，畅通其销售渠道，强力推进脱贫攻坚工作，实现精准扶贫。漾濞县依托互联网，全力将电子商务打造成漾濞特产走出去的便捷通道和企业发展、广大群众就业致富的广阔平台。目前，全县从事电子商务企业7家，20多家企业、合作社开设了网站、网店，在淘宝网等国内主流电子商务平台开设各类网站90多家，销售漾濞农特单品180多个，全县电子商务零售交易额突破2200万元。

漾濞县建立起电子商务产业公共服务体系，成立电子商务产业发展指挥部，县财政先后投入资金近200万元，组建了漾濞县电子商务公共服务中心，为近百家企业、合作社、网店提供信息、咨询、培训、实践、对接等多方面服务；成立电子商务协会，吸纳50多家企业、合作社和个体商户入会；组建漾濞供销电子商务有限公司，上线了B2C垂直电子商务平台漾濞核桃交易网（www.yangbihetao.com）、淘宝网大理漾濞特产商城，并与苏宁易购商城合作完成"中华特色馆·漾濞馆"上线运营实现了漾濞县特色农产品的集中展示，并依托有赞微商城、淘宝、彩云优品、工行融e购、建行善融商务、农行e商管家、邮政邮乐网、信用社网点等第三方平台开设漾濞特产商城、漾濞核桃专营店，有1000多人运用微店、微信、微博等新媒体营销方式销售当地特产。"云南大理漾濞土特产"、"光明农庄"、"大理漾濞特产商城"等一批优秀网店网商得到发展，初步形成了物流企业和各骨干流通企业、供销、漾濞核桃交易网紧密结合的电子商务产业链条。

目前，漾濞县电子商务打造了"传润"、"大理彝家人"、"云果善品"、"漾宝"、"国香原"、"核桃秀"等30多个核桃产品品牌。此外，积极推进电子商务项目建设，引进云南咨信电子商务有限公司，投资2000万元建设漾濞电子商务交易平台"百核集"；镇村电子商务项目稳步实施，太平电子商务项目完成硬件建设，进入上线运营阶段，光明村、金牛村四位一体项目争取到位；与中国传媒大学经管学部商学院MBA学生项目小组合作筹划了漾濞核桃公益扶贫项目，已完成贫困户故事征集、品牌包装制作，即将启动原料收集和推广工作；积极推动县内企业、网店联合筹划漾濞核桃众筹项目，对漾濞核桃鲜果、古树核桃、娘青核桃、小纸皮核桃等分批进行推广销售等。如今，电子商务的发展，成为漾濞县落实精准扶贫、实施品牌营销的重要渠道。

附：漾濞供销电子商务有限公司主要店铺网址及微信号：
苏宁易购中华特色馆·漾濞馆：http://yangbiguan.suning.com
淘宝店铺大理漾濞特产商城：https://yangbitechan.taobao.com
漾濞核桃交易网：http://www.yangbihetao.com
太平特产网：http://www.taipingtechan.com
联系方式：0872-7522799，15368298136
微信公众号：
漾濞核桃交易网

案例六

宾川县平川镇得底么村"党支部+互联网+农户"电子商务扶贫模式

电子商务开路,搭建"致富金桥"。在挂包单位的帮助下,宾川县平川镇得底么村搭建了"得底么扶贫"移动互联网电子商务销售平台,建立"云邮机关扶贫平台"3个微信群,推广使用"得底么电子商务扶贫"APP平台。在平川镇党委的领导和村党总支的统筹下,依托党支部领办的专业合作社,有效把得底么贫困群众组织起来,发挥党组织的政治引领作用,党员带头示范,组织贫困群众上山采摘橄榄、菌类,田里种植大豆、玉米,家中养殖黑山羊、土鸡、生猪等,由合作社统一进行收购,贫困户劳动力参加集中宰杀、包装;省邮政分公司在得底么村捐建食品冷库、生产操作间和原料间,逐步构成以村委会为中心的一级分仓,昆明地区冷链总仓、冷链车、B2B2C系统,建立了能支撑农产品电子商务发展的仓储体系;省邮政公司直属机关工会和单位食堂等成立专人对接供货,初步形成了采后处理、预包装、冷库仓储、打包寄递、干线运输、终端投递的完整供应链。

思想为本,实现"标本兼治"。"治病需治本,治穷先治愚。"脱贫攻坚,扶志、扶智是难点,也是关键点。群众难说通,就先从党员抓起。通过讲党课、支部会,学文件、看影片,引导发展理念、树立发展思维,引导贫困群众用自己勤劳的双手创造价值、获得收入,让贫困户主动参加进来、参与其中。2016年,省邮政公司挂钩的36户贫困户通过销售自家生产的特色农产品和参与合作社分拣、宰杀、包装获取劳务收入,每户平均增收13746.20元,人均增收2749.24元。

质量为要,树立"品牌意识"。面对市场,就得按市场规律办事,这是党支部和合作社的共识;山区农副产品的优势在质而不在量,这也是党支部一直在向群众宣传的重点。为确保质量,得底么突出山区特色,发挥自身优势,念好"山"字经,在"绿"字上做文章,花大力气打造山区绿色食品生产基地。坚持"因地制宜、适度发展、宣传推广、扩大影响"的发展思路，结合当地的气候特点和资源优势，着力构建以"优质林果、绿色菜，有机食品、放心肉"为品牌的山区生态农业。截至 2017 年 3 月底，全村共向外输送贫困户的优质农产品（生态鸡、猪、羊、核桃、枇杷、蜂蜜、橄榄、山药、土豆等）7 批（次），共计 60000 余单，销售达 176 万余元，贫困户户均增收 2700 元以上。

（摘自《大理日报》果文杰）

案例七

大理市党建综合服务平台电子商务拓展项目

2017 年，全省云岭先锋综合服务平台上线区县为 136 个，建成站点 16159 个，金融终端 12956 个，免费 WIFI 16159 个，手机用户 82659 个。2016 年底，大理市建成 159 个云岭先锋综合服务平台，在全省率先实现综合平台全覆盖，有效缩短了"为民服务最后一公里"的距离。为充分发挥综合平台为民服务功能，推进电子商务扶贫，大理市按照省、州党委的工作部署，采取项目化推进方式，依托综合平台，努力畅通高原特色农产品上行和生产生活用品下行两个渠道，即有效缓解农村，尤其是贫困村农特产品上行过程中推介难、销路难的困境，推动农村急需的种子、复合肥等农资平价、低价并下行到村口销售。大理市通过试点先行、示范带动、逐步推进的方式，由组织部门牵头、省国资运营公司大理市分公司负责建设，稳妥有序推进农村电子商务服务站建设，目前，大理市列入建设计划的 89 个行政村站点中，已有 68 家开门营业，21 家正在建设，全市将于 2017 年内实现行政村农村电子商务服务站建设全覆盖，为农村居民提供便捷的生产生活用品下行服务。

正在建设的电子商务服务站，也是高原特色产品上行的中转站，综合服务平台则是高原特色产品上行信息服务、乡村旅游信息推介的"主力军"。大理市依托综合服务平台，由各村党组织将辖区内农特产品、旅游休闲景点等图文并茂的上传到综合平台发布，截至目前，全市 111 个行政村在云岭先锋综合服务平台农村电子商务板块上线高原特色产品信息139条、乡村旅游信息78条,实现了行政村农村电子商务信息进平台全覆盖。

农村电子商务信息进平台操作:登录综合服务平台点便民服务-接件办理-点电子商务相关表格-录入产品名称、简介、单价、产出地点、照片等即可。

产品经省级相关部门审核后,将在"云岭先锋综合服务云"网站"农村电子商务"模块登出,到时购买方只用查看网络电子商务信息即可联系供应商购买产品。

农村电子商务信息查看方式:一是通过云岭先锋综合服务平台登录后,点击"便民服务"模块——商务信息,即可进入"云南高原特色农产品平台"和"云南乡村旅游"两个平台查看上线的高原特色产品和乡村旅游信息。二是在互联网上进入"云岭先锋综合服务云"(http://12396.yn.gov.cn/),选择"农村电子商务"板块查看。

案例八

宾川县华侨庄园电子商务平台介绍

宾川县华侨庄园农业科技开发有限公司结合鸡足山佛教文化资源,注册"七彩云秘"商标,打造"葡提果"系列品牌,以农业供给侧结构性改革为契机,实现产品的精准化投放。同时,运用"互联网+现代农业",全面提升农产品质量安全水平,成立了云南青创电子商务有限公司,积极发展农产品电子商务,打造农产品品牌,拓展农产品销售渠道。

云南青创电子商务有限公司,位于云南省昆明市五华区金鼎科技园十七号平台。公司由宾川县华侨庄园农业科技开发有限公司、云南省青年创业协会、云南省七彩食品电子商务协会的会员单位联合组建而成,汇聚了云南省电子商务业界最具有号召力的精英。云南青创电子商务从源头建标准,全产业链把控并联手快递巨头整合仓储物流体系,把品质优秀的云南农特产与世界分享,其影响力受到了云南省、市、县等各相关政府部门的高度重视和支持。

云南的农村农产品销售存在农产品上行难,物流难,缺少"本地化"参与,重消费轻体系和现有商品、服务不精准的问题。云南青创电子商务为了让地方名特产"走出去",让技术创新"走进来",服务很多还没享受过电子商务服务的农村居民,立志让"云品"成为云南发展的强大动力,让农村生活更美好。青创电子商务的网仓中心采取联合采购的模式、规范的仓储体系和管理流程、彼岸准的 ERP 管理系统、整合省内具有价格优势的快递资源和一体化的综合服务。目前公司在微信、淘宝网站均设有店铺,并且在天猫食品类目取得云南销量第一的好成绩。

云南青创电子商务有限公司设有人才服务即云南省农村青年电子商务培训基地、运营服务即云南省电子商务公共服务平台两大服务体系。青创电子商务紧紧依托宾川华侨庄园产业扶贫示范基地,发挥电子商务扶贫功能真正解决农产品上行的问题。主要举措及破解难题如下:建设扶贫示范基地,解决产品标准化生产问题;打造一县一品,解决农产品品牌建设问题;构建专线物流,解决物流时效和暴力物流问题;技术人才培训,解决运营人才团队问题;加强信息市场对接,解决小规模生产和大市场有效对接问题。

青创电子商务将在产品资源整合、品牌包装策划、产品营销推广、网店运营管理、电子商务人才培训和综合物流服务等方面加大资源投入,不断积累和创新,引导大众创业。为此,青创电子商务海开设了全省电子商务培训示范班,已经开办了 50 余场,参训人员近万人。

2016 年,中央政治局常委王岐山书记到公司扶贫示范基地调研,公司联合创始人孙永斌在宾川华侨庄园大营莉村给领导汇报了"基层党支部+龙头企业+贫困户"扶贫模式,为农民创收。原云南省省委书记李纪恒关心慰问云南省青年创业协会,对执行会长贺靖获奖四年以来为云南青年创新创业工作高度的认可和肯定。团中央第一书记秦宜智参观网仓中心,公司积极响应中央号召,建立"互联网+现代农业"模式。云港澳台青年双创云南活动周,云南省省委常委、昆明市委书记程连元对云南省青年创业协会在青年创新创业服务工作进行关心慰问并给以肯定。2017 年，云南省省长阮成发调研青创电子商务孵化的产品七彩云秘，省政府秘书长何金平、省财政厅厅长陈建国、大理州州长杨健、宾川县县委书记岳黎松、县长杨泽亮等陪同。

经过不断实践与积累，现已经形成县域农村电子商务综合解决方案。华侨庄园将以"青创电子商务"为平台，建设好公共服务体系、消费品下行体系、农产品上行体系，整合社会合作模式，打造出具有高原特色现代农业特色的智慧新农村！

附：云南青创电子商务有限公司主要店铺网址及微信号：

七彩云秘天猫旗舰店：http://qicaiyunmi.tmall.com

联系方式：0871-68136813

微信公众号：云南青创电子商务

案例九

云龙县"云之味"高原特色农产品展示中心简介

云龙县是山区农业大县，国土面积广阔，境内气候、植被、土壤差异性大，土地、森林、动物、植物、矿产等资源丰富，自然条件和资源优势得天独厚。勤劳勇敢的白、汉、彝、傈僳、苗、回、阿昌等民族在这里生活了上千年，创造了独具特色的物资财富和精神财富，传承和开发了许多别具风味的地道高原特色农产品。为了把资源优势变成产业优势和经济优势，助力扶贫攻坚、精准脱贫，带动山区农民群众同期致富实现小康，云龙县丰农农业开发有限责任公司成立"云龙县特色产品协会"，在县城设立"云龙县云之味高原特色农业产品展示中心"，向社会推介展示云龙县的特色农产品；同时与云南南寻科技公司合作，在南寻网开办云龙县电子商务公共服务中心、大理??云龙馆，推介展示云龙特色农产品、特色旅游、民族风情、地方政务信息，近200个品类特色农产品实现线上销售。在昆明长水国际机场设立云龙县高原特色农业产品展示中心，采取线下展示及体验、线上销售方式，打造云龙地方名片，建设"云品出滇"渠道。

推行"党支部+企业+合作社+农户"等"1+N"模式，"云之味"整合了云龙42家企业、28个专业合作社、50多家个体户的特色农产品，整合联系的120多家企业、专业合作社和个体户与全县5600多户农户签订了特色农产品产统一购销协议，统一由"云之味"高原特色农产品展示中心向社会展示推介产品，奉献绿色、环保、原生态、消费者信赖的产品。展示推介的高原特色农产品主要有六大系列247个品种，其中中药材系列产品有纹党参、金银花、重楼、灯盏花、滇红花、辣木、独定子等30多个品种；云龙茶系列产品有绿茶、红茶、普洱茶、乌龙茶四大类60多个花色品种；传统特色农产品有诺邓豆饼、诺邓钾盐、和平干拉、无核柿饼、云龙血肠等食品和云豆、白豆、黑豆、红豆、花豆等各种豆类等40多个品种；禽畜产品有诺邓黑猪、黑山羊、矮脚鸡、乌骨鸡、彩凤鸡以及近期发展养殖的野鸡、野猪和诺邓火腿、野猪腊肉等20多个品种；经济林果及其他产品有松茸、鸡枞、黑木耳、香菇、蕨菜、竹笋、树花菜、树蝴蝶等食用菌、植物和泡核桃、麦地湾梨等50多个品种。

"云之味"高原特色产品展示中心顺应时代趋势的战略转型，紧紧围绕"互联网+"行动，积极组织实施"互联网+展示中心+

农特产品+企业农户+客户"的运营模式,树立"互联网+"的服务理念,建立线上电子商务平台,充分发挥电子商务、网营作用,让企业、农户和客户充分利用互联网工具带来的无限商机。通过开展线上线下的运营服务,云龙高原特色农产品开通了生产者与消费者之间的"直通车",知名度不断提高,销售额成倍增加,预计2016年销售收入超过500万元,2017年突破1000万元,销售收入的90%将回到生产者手中,"互联网+"降低了经营成本,提高了利润率,云龙广大山区群众得到了实惠。通过"云之味"高原特色产品展示中心的辐射带动,具体规划到2018年帮扶高寒山区少数民族贫困户3500户、11800人脱贫,2020年带动5000户山区群众实现小康,形成"电子商务扶贫"的有效模式。

网址：http://www.ynnanxun.com/qcdz/yunlong/

案例十

蒙自石榴的电子商务之路

蒙自石榴现已达到种植面积12.45万亩，产量近26万吨，产值近5亿元，果农户均增收2万元左右。目前，已形成6万余亩连片石榴园，并且是全国石榴主产区之一。

2006年前后，蒙自石榴发展到3万亩的种植面积后，出现了很严重的滞销。而果农当时单兵作战的方式逐渐适应不了日新月异市场环境变化。而就在这个时候，蒙自的果农们开始摸索合作社的机制。

与过去单纯依靠外地果商来蒙自收购石榴不一样的是，合作社不再满足于这种由果商来主导价格的被动销售形势。以蒙生和南疆为主的当地合作社开始以参加展会和在北京、杭州、广东等地设立直销点的形式对外推广蒙自石榴。

蒙自石榴上线走的是自下而上的路线。蒙自石榴最初的线上销售来自于红河学院的大学生群体。由于蒙自低纬高原这一特殊地理特征,和其他石榴产区相比,蒙自石榴的销售周期长,能持续半年。在石榴上市的时节,不少大学生网店的店主每天都要发20箱左右,一年下来,光是卖石榴就能赚3万~4万元。

除了这些大学生在淘宝上注册网店卖石榴之外,蒙自当地的合作社也组建专业的电子商务销售团队,在网上卖起了石榴。

2014年7月,蒙自市南疆水果产销专业合作社组建了6个人的专业销售团队,在天猫商城建立蒙自石榴旗舰店,销售蒙自石榴,很快创造了蒙自业内石榴销售量第一的成绩。

蒙生石榴产销专业合作社近几年来也开始积极触网。不过,和南疆自建电子商务销售团队有所不同,蒙生走的是一条和外地TP服务商合作在网上销售石榴的新路子。

2015年,蒙生和上海果宝网络科技有限公司合作,双方各司其职,开始在各大电子商务平台销售蒙自石榴。"我们负责后端供货,他们负责前端电子商务运营。"华治彬认为,双方在各自的专业功能上明确发力,能取得电子商务销售成绩的最大化。

二、案例分析

1. 农村电子商务新的机会点

通过以上农产品电子商务销售典型案例,不难看出:

(1) 农村的网民数量在不断的攀升,根据调查,在2016年已经达到了2.01亿,占比网络人数达到27.4%。

(2) 农村的互联网普及率在稳步提升,到2016年农村互联网普及率达到33.1%,这个跟城市相比是有很大的差距,但是它比上一年提升了1.5个百分点,所以这个差距是呈现缩短而不是扩大的状态。

(3) 2017年上半年,全国农村网络零售额达到5376.19亿元,同比增长38.07%,高出城市4.92个百分点,农村在全国网络零售额中占比达到17.3%。从季度走势看，农村电子商务保持加速增长态势，二季度网络零售额同比增速达到39.19%，高出一季度增速2.38个百分点。

农村的电子商务消费市场潜力非常巨大的，一方面就是农村的网购的消费跟城市的网购消费还有一个很大的落差，随着落差的缩短，6亿的农村人口为电子商务行业留下了一个巨大的市场增长空间。

2. 云南农村电子商务拥有优势资源

（1）优异生态条件

环境气候条件优异，纯净生态无污染。

（2）丰富物产资源

物产资源丰富，农产品种类繁多、品质优异。

（3）生态旅游胜地

知名风景名胜众多，生态旅游发展前景良好。

（4）独特人文环境

多民族文化共存共荣，品牌故事挖掘空间大。

3. 农村电子商务发展存在的问题

（1）多部门在开展农村电子商务，缺乏统一组织协调机构；

（2）缺乏区域性发展规划，配套扶持政策滞后，资金投入不足；

（3）管理部门和农村都缺乏专业技术人才；

（4）农产品标准化、品牌化程度低，认知程度低，效率难以体现。农产品质量监管缺位，特别是鲜活农产品保质期问题，大多数农村电子商经营产品无食品生产许可证，加工、分拣、分级、包装、冷链有待提升；

（5）物流配送体系不健全，物流成本居高不下，农产品物流成本已占农产品价格的20%~40%；

（6）"双向"流通中，工业品下乡（下行）繁荣（增长迅猛），农产品进城（上行）困难导致农村现金流短缺，增收困难；

（7）农村信息化基础设施建设薄弱，没有充分利用好现有体

系,例如云岭先锋综合服务平台体系;

(8) 农村电子商务网络体系建设不完善,线上线下不配套,网店建设滞后。

4. 农村电子商务发展对策与措施

(1) 统一制定区域性(省、市(州)县、乡)农村电子商务发展规划;

(2) 加强农村电子商务人才培养,组织不同层面培训包括行政管理部门和农产品经纪人,引进发达地区的电子商务人才、企业和团队;

(3) 树立"大众创业万众创新"的理念,广泛吸引农村青年及大学生开展农村电子商务创业;

(4) 积极申报国家、省农村电子商务示范县(市)建设项目,加大财政资金投入,规范资金使用;

(5) 强化、整合物流体系建设,充分利用社会各界物流资源,降低物流成本;

(6) 加强农村电子商务公共服务体系建设,进行运营、技术各个层面的指导,服务好农村新型经营主体和基层店建设,宣传国家惠农政策;

(7) 增加财政在农产品标准化和品牌化支持力度,依托农产品加工转型升级,提升农产品质量和品牌形象;

(8) 实施农产品规模化生产,扶持电子商务产业园、打造一批农村电子商务示范企业、示范村和示范店;

(9) 依托田园综合体、区域生态循环农业,扶贫开发等国家、省、市项目的实施,使农村电子商务不仅服务于工业品下乡、农产品进城,还服务于观光农业、体验农业、休闲农业和乡村旅游,在循环农业、创意农业、农事体验中发挥积极作用;

(10) 打破行政区域划分,以市场为导向,以产品价值实现为目标,从销售电子商务化向农业电子商务化转型。

教程十一　农村电子商务发展态势

由于现代信息技术的普及与发展，电子商务已经成为我国经济贸易的重要组成部分之一。虽然我国流通业取得了令人瞩目的成绩，但我国的电子商务发展却并不够平衡，主要体现在城乡之间的差异较大，城市较为活跃，而农村则相对较为冷寂。由于农村电子商务发展步伐的缓慢，导致农产品交易的途径不够丰富，从而不利于我国农村经济取得更好的发展。应该说，农村市场已经成为我国市场经济中不可或缺的重要组成部分之一，全面繁荣我国农村市场，是建设新农村与建设和谐社会的重要内容。有鉴于此，一定要积极发展我国的农村市场，全面发展农村电子商务市场，从而实现我国农村经济的新发展。

一、农村电子商务发展的优势

1. 诸多农业人口与交易机会提供了相当大的市场机遇

6亿农村人口占总人口的绝大多数，而我国农民生产的诸多谷物、肉类、禽类以及水果等农林牧渔副业产品所进行的生产、交换以及消费，肯定会创造出许多交易机会。同时，因为我国新农村经济的发展，农民群众的收入以及购买力均在持续提升，可见农村市场潜力非常巨大。

2. 低成本运作十分符合农村经济发展需求

电子商务低成本运行主要体现为：首先是能够降低交易的成本。运用电子商务平台，生产者们能够避免由于供过于求而产生大量的仓储保管费用；其次是由于我国农村地区的劳动力成本一般都低于城市的劳动力成本，能够有效降低劳动力的支付成本；最后是农村物价大大低于城市，比如，在农村发展电子商务能够极大地降低租用店面的成本。

二、农村电子商务发展的劣势

1. 农村电子商务观念普遍较为滞后

近年来，我国经济已经进入到快速发展期，但不断发展的经济与网络技术尚未与广大农户和农业企业对于电子商务的认识共同发展，市场上的供需信息流通还具有相当大的障碍，以至于农民群众在观念上觉得农村电子商务仅为虚拟化概念，对于自身的农产品销售毫无关系，甚至觉得介入电子商务将给自身带来新的风险。同时，农业企业把巨大的精力放在实体交易之中，对于电子商务所产生的认识大多只停留于服务实体交易的层面上，觉得电子商务无法为企业带来巨大的效益。

2. 农业基础设施建设较为落后

虽然近年来我国城市建设也取得了极大的发展，但农村地区的农业基础设施建设还是在资金投入上不够，基础设施建设依然十分落后，难以满足快速发展的农村电子商务之要求。尽管我们已经建立起许多大型的数据库，但是真正能够投入到实际运行之中的并不算多，而健全高效的基础设施则是我国农村电子商务快速发展的重要前提。因为电子商务专业技术人员与管理人员并不十分愿意到农村工作，而农村自身要想培养电子商务人才又缺乏现实可能性，从而影响到我国农村电子商务的可持续发展。同时，农产品及其自身的消费特点并不利于农村电子商务的积极开展，农产品生产对于自然条件以及资源所具有的依赖性十分强，种植与培育的周期比较长，而且储存的条件与运输的成本也相当高。

3. 单一农户难以享受到电子商务资金及时结算的优势

城市中开展电子商务可以便捷地使用网上银行、电子银行以及电话银行等进行结算，而在农村地区则很难推广，农民群众还是更加习惯于依赖邮政储蓄和信用社等农村金融机构来开展资金结算，有可能导致资金难以实时到账。尽管农村手机用户的比例已经相当高,但要在农村地区推行城市中已经普遍实现的移动商务与移动支付尚存在诸多困难。

4. 农村电子商务人才匮乏

招募人才

从事农业生产的劳动者所具有的受教育程度比较低,对于新事物的接受程度与理解能力相当有限,因而并不具有开展电子商务业务的实际操作能力。在农村地区,具备了一定创新精神以及计算机操作能力的青年人一般都会外出务工而并不愿意留在农村进行农业生产,高等院校毕业的电子商务专业人才又不愿意到农村基层去工作,导致农业领域电子商务人才奇缺,从而影响到我国农村电子商务的发展。

农村电子商务发展的优、劣势各是什么?

理 论 篇

教程十二　农村电子商务发展的对策选择

农村电子商务发展条件越来越趋向于成熟，但是农村电子商务的发展并非是可以一蹴而就的，我国农村电子商务发展之路依然漫长，但是我们坚信随着我国电子商务技术的全面普及，选择正确的发展对策，电子商务必然可以在农村地区得到更好地应用，进而推动我国农村经济社会更好更快的发展。

创业培训

一、增强农村群众的电子商务意识

为了实现我国农村电子商务的较快发展,切实改变农民群体的传统观念,提升农民以及农业企业的电子商务意识显得十分重要。

(1) 政府部门应当积极增加宣传推广农村电子商务工作的力度,不但要运用网络、广播、电视等媒体进行宣传,而且还应当采取在乡、镇建立起农村电子商务宣传组织机构,定期到田间向广大农民群众介绍电子商务方面的基本知识,让其理解电子商务的诸多好处,更好地调动起农民群众的主动性。

(2) 实施好农村电子商务试点等工作。要以村为基本单位,对宣传和推广、应用农村电子商务成绩显著的村庄,由政府主管部门进行相应的物质奖励和精神奖励,并以此为成功经验向别的地区加以推广。

(3) 要从政府的层面上积极鼓励各类农业企业实施农村电子商务工作,尤其是要对那些成绩突出的农业龙头电子商务公司进行物质上与精神上的奖励。

二、切实转变农业生产方式以推进农村电子商务发展

当前我国农村的农业生产方式依然显得滞后,仍然以个体化生产为主体,农民群众对于农业电子商务信息的需求度相待低,以至于无法产生规模化的效应,从而关系社会各方投入到农村电子商务建设之中的主观能动性。所以,唯有持续扩大我国农业生产的总体规模,才能真正提升农民群众对于农村电子商务的投入力度,促进我国农村电子商务取得更好的发展。

三、加大农村信息基础设施建设力度

比较完善的信息基础设施,这是积极发展农村电子商务的重要基础。政府部门要积极加大对于农村信息基础设施建设的资金投

入,努力提升广大农村信息基础设施的广度,尽量提升覆盖面。

(1)政府部门应当积极出台提升农村地区信息基础设施建设的有关政策,提升政策对农村信息化建设的支持强度,为有意从事电子商务工作的农民群体提供性价比比较高、具备良好品质的电脑设备与网络设备,从而鼓励与帮助农民群体用上现代化信息设备,引领其更加积极地参与到电子商务之中,并且搭建起各种不同形式的信息基础设施,从而为农民群众提供信息咨询方面的服务,提升农民群体的信息素养。

(2)各级地方政府要依据各自财力状况、农业发展能力等实际情况,建立起农村电子商务发展基金等,从而让更加多的资金投入到信息化建设之中。

(3)政府部门应当通过和移动、电信等有关单位的积极协调,尽可能地降低农民群众的上网等费用,并且强化农村信息基础设施建设能力,提升农村信息基础设施利用的效率。

四、建设完善的农村电子商务平台

因为我国农村并不具备有充分组织的、完善化的销售体系,因此,也就很难把分散的农户所生产出来的农产品集中到大型市场之中,从而产生了小农户和大市场之间的矛盾。作为最为基本的负责农业生产经营的组织单元,单一农户难以适应于农产品市场的新变化,而导致该矛盾的原因就是因为营销平台有所缺失而不是市场的缺失。建设单一农户与市场间的电子商务交易平台,是有效解决小农户与大市场之间电子商务平台缺乏的重要手段。

五、注重涉农相关网站建设

(1)持续健全完善政府所办农业信息网站的各项功能,并且提升网站的服务水平。要增加农业网站的宣传推广应用力度,以网站访问者为视角,不断改进更新网站的内容,持续增强广大用户的体验感。

(2) 要鼓励农业企业建设自身的门户网站。要针对具备实力需求的农业类企业，切实整合企业的各类资源，鼓励其自建门户网站。不但要努力实现网站内容的更新，同时还应当运用门户网站平台以开拓商机，加强和供应商、客户之间的信息交流，提升对于市场的反应程度，而疏通交易的渠道、降低交易的成本则能够提升客户的满意度，进而提升企业的盈利率。

(3) 要促使广大农业企业运用好电子商务平台。电子商务平台的兴起会对企业带来诸多商机，农村电子商务的发展一样要靠农业类企业的积极参与。要积极鼓励农业类企业运用好各类电子商务平台，主要有综合性、农业类以及区域性的电子商务平台等。

六、培育农村电子商务专业人才

要切实改变农民群众的传统消费观，就应当培育农村电子商务的消费习惯。要想让农村群众切实建立起电子商务消费观，就应当对其开展更加广泛的宣传，让其真正体验到农村电子商务所具有的便利以及实惠，这样一来就能自觉地应用。因此，农村在积极推行电子商务的同时，应当积极选拔年龄为 18～35 周岁，文化程度为初中及其以上，生活态度乐观积极的农民加以培训，从而让农民们掌握网络操作的方法，从而了解到电子商务交易的具体流程，从而具有了防范欺诈方面的知识以及技巧，进而培养一大批具有基本网络操作知识以及电子商务意识的人才，为实施农村电子商务的应用打下良好的基础。要积极在本村、本乡镇开展电子商务知识的宣传，从而引导更加多的农民朋友投入到信息化建设大潮之中。与此同时，要在农村设置各种不同类型的讲座，从而让农民群众切实了解到电子商务是今后商品交易的发展趋势，对农村群众展示出农村电子商务实施的成功案例，把本地农产品和电子商务进行很好地结合，运用电子商务所具有的便捷性、低成本性、高效性等特点来吸引农民群众加入到电子商务行列之中。

你认为农村电子商务发展最关键的对策是什么？为什么？

教程十三　如何加快发展农村电子商务

一、加快信息基础设施建设

政府应给予广泛而有力的引导和支持，加大农村信息基础设施建设力度，利用互联网、移动通信、广播电视、电话等多种通信手段，建立起覆盖郊区县、乡镇、村的农村信息网络。建立各级信息咨询服务机构，引导和培训农民使用各类信息设施，掌握电子商务的各项技能。

信息进村入户

二、建设高质量的农村电子商务平台

建设农村电子商务平台，为农业产业化提供大量的多元化信息服务，为农业生产者、经营者、管理者提供及时、准确、完整的农业产业化的资源、市场、生产、政策法规、实用科技、人才、减灾防灾等信息；同时，为企业和农户提供网上交易的平台，支持B2B、B2C、C2C等多种交易模式，降低企业和农户从事电子商务的资金门槛，培育、扶持农村电子商务企业。

三、建立农村信息服务体系

应逐步建立农村信息服务体系，为农村电子商务提供广阔的发展空间和完整的产业链。

四、开展农村信息化知识培训，培养信息人才

应充分利用计算机网络的优势，结合其他通讯手段，大力实施远程教育，不断提高劳动者素质，强化农民信息意识，培养高素质的新型农民。另外，还应把懂业务的各种专业人才充实到农村信息化队伍中来，形成一支结构合理、素质良好的为农村提供信息服务的队伍。

对于如何加快发展农村电子商务，你还有什么见解？

教程十四　做好农村电子商务的策略

1. 选择有特色的、优质的农产品进行销售

由于我国地大物博，每个区域都有自己的特色。消费者通常喜欢按照产地来购买商品，例如平谷的桃子、新疆的大枣、烟台的苹果……卖优质特色的农产品，一方面容易获得消费者的信赖，另一方便于增加利润。

2. 团结起来一起干

全村农民团结起来，相互合作，建立农村合作社。以村或合作社为单位在网上开店，商品统一定价、统一出售、统一分成。这样做的好处，一是容易打造本村特色农产品品牌，二是农村合作社比起单个村民更容易获得买家的信任，三是统一有人管理货物节省村民的时间。

3. 找专业的人来做专业的事

类似操作网店后台、图片处理、推广营销等工作，农民是做不好的。每个村子都有一些年轻人，像大学生村官、回乡创业的青年，可以让他们去参加培训再动手操作。或者找一个专业的"代理运营"的公司或团队，既省心又有效。

4. 向当地有关部门寻求帮助

一般来说农村合作社是有政府支持的，比如政策支持和资金扶持。各级政府在能力范围内会帮助合作社来建立和推广，也可以起到资源对接连线的功能。

农村电子商务实训教程
NONGCUN DIANZI SHANGWU SHIXUN JIAOCHENG

[实操篇]
SHICAOPIAN

教程一　农村电子商务创业应该具备的能力

作为农村电子商务创业者不是只要一台电脑、一根网线就可以了，要在农村创业还是有一定难度的，作为一个农村电子商务创业者需具备多方面的能力。

一、语言沟通能力

作为农村电子商务创业者，语言沟通能力肯定是必需的。除语言沟通，还需要具备能做通村民思想，普及电子商务的能力。

二、管理运营能力

现在大部分的农村电子商务业务尚属开拓阶段，无法形成成熟团队，但相关行政职能部门会定期安排工作人员下村指导工作。除此之外，农村电子商务创业者也要主动学习基本运营技巧和常识。

三、物流配送能力

除了帮村民代购代销以外，农村电子商务创业者还需要承担物流中转的角色。农村物流网点覆盖率远低于城市，农村电子商务创业者应积极主动帮助广大群众收发快递，解决百姓"发货收货难"的问题。

四、市场推广能力

农村电子商务创业者的场所作为当地人流和信息流的集散地，更可将省钱方便及正品购买的购物体验以及最新的活动传播给周围的居民。所以一些推广的技巧和能力还是要具备的。

五、带动示范能力

在农村电子商务发展成熟的情况下,作为第一批接触农村电子商务的创业致富带头人,带领村民一起致富是农村电子商务创业者的神圣职责,要能够教会其他群众通过网络创业,利用互联网实现农产品进城,解决农产品滞销的各种问题。

农村电子商务除了具备上述能力外,还应该具备哪些能力呢?

教程二　如何做农村电子商务

一、硬件方面

村委会可以通过项目申报、募捐、获取赞助、集资等方式取得几台电脑，放置在村委会办公室，通过电话或宽带接入互联网。

二、操作方面

（1）从附近的大学、技校、职校等招募青年志愿者作为电脑操作员，定期为广大农民服务；

（2）从村里选择一些年轻人去参加电脑操作培训，回来后兼职充当电脑操作员。村委会应积极开展各种电脑培训活动。

三、信息的发布

可以将各个网站对信息格式的要求通过培训告诉给广大农民，经过一段时间的反复操作，他们应该可以很快熟悉。关键的问题是法律条款的了解，这也需要熟悉法律条文的志愿者在前期给予指导。

四、电子支付安全

政府部门和公司企业在前期可以通过传统支付手段来培养市场，等到农民了解了网上支付并懂得网络安全知识后再来实施。

支付手段

五、物流的实现

最简单的方式是委托中国邮政,对于县、市、乡镇级的物流,还可以委托当地的商贸企业或第三方物流公司。所以,这也对我国物流行业的建设提出了急迫的要求。

教程三　如何在网上卖出自己的农产品

一、发布农产品信息

（1）准备基本的工具。需要能够上网，比如买台电脑、拉根网线，然后再学习上网的知识。电脑的基本操作知识可以让熟悉的人很容易教会，上网知识其实也很简单，打开浏览器输入想要访问的网址，或者直接百度一下。

（2）有了一定基础后就可以开始寻找一些比较好和专业的农产品信息网站注册、完善资料，是可以发布农产品信息那种网站；当然有很多时间的话还可以选择大型 B2B、B2C 网站做农产品在线交易。寻找农产品网站的方法是：在搜索引擎搜索"农业网站"、"农产品信息网"、"农产品交易网"等等和农业、农产品相关的关键词，会搜到很多网站，其中很多都可以发布农产品供求信息。

（3）整理好自己的农产品资料在注册的农产品网站发布自己想要出售的农产品，并详细描述。接下来就是需要做网络推广了，当然有的网站提供店铺的情况下可以推广个人店铺，以便让更多人看到。也可以在所在的网站进行站内推广，比如论坛、商圈等等，以提高人气。

二、在淘宝开网店

淘宝开网店是免费的，以下是淘宝开店的步骤：

1. 用户注册

打开淘宝网，或者下载手机淘宝 APP，点击页面上的"注册"。在打开的页面中，输入会员名、密码、电子邮件等信息，单击"同意以下服务条款,提交注册信息"按钮。然后,注册的邮箱会收到一封确认信息邮件,打开其中的链接,确认之后,就完成了用户注册。

浏览"注册协议" —— "手机号或邮箱" —— "设置密码,会员名" —— "成功"

—— 实名认证,绑定银行卡 —— 绑定支付宝

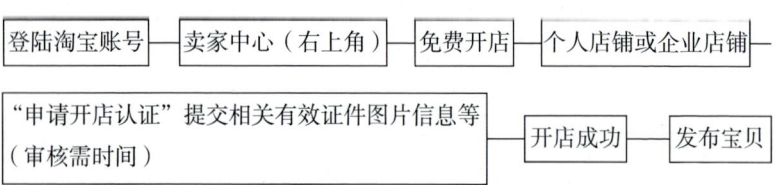

2. 身份认证

"淘宝网"规定只有通过实名认证之后,才能出售宝贝,开店铺。所以在注册用户之后,还要进行相应的认证(包括个人实名认证和支付宝认证两个过程)。

登陆淘宝账号 —— 卖家中心(右上角) —— 免费开店 —— 个人店铺或企业店铺 ——

"申请开店认证"提交相关有效证件图片信息等(审核需时间) —— 开店成功 —— 发布宝贝

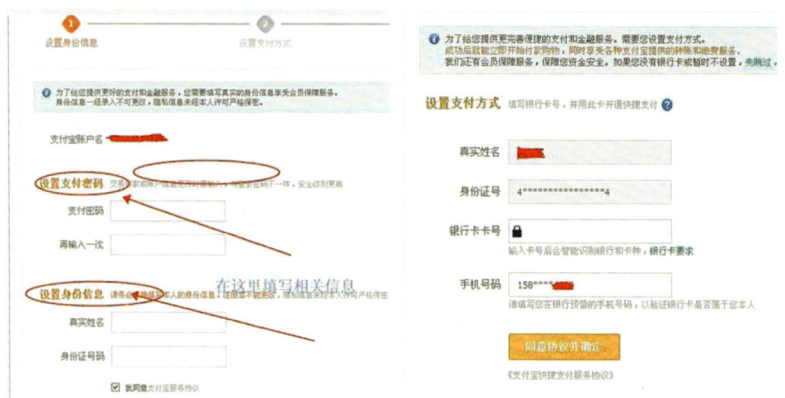

3. 选农产品、拍图

为了将销售的宝贝更直观地展示在消费者面前，图片的拍摄至关重要，而且最好使用相应的图形图像处理工具进行图片格式大小转化。

图片处理后应进行整理，整理完的图片放入文件夹，方便管理。

4. 发布宝贝

农户要在网上开上店铺，除了要符合认证的会员条件之外，还需要发布宝贝。于是，在整理好商品资料、图片后，要开始发布第一个宝贝，并逐步增加宝贝数量，丰富店铺产品。

注意：标题使用"一口价、折扣价、上下架时间等。"

5. 店铺装修

在免费开店之后，卖家可以获得一个属于自己的空间。和传统店铺一样，为了能正常营业，吸引顾客，需要对店铺进行相应的"装修"，主要包括店标设计，宝贝分类，首页页面，推荐宝贝，店铺风格等。

6. 推广宣传

农家通过微淘宝间、淘金币、公益宝贝论坛宣传、交换链接、橱窗推荐和好友宣传、加入消保，旺铺等方式给小店打打广告。

7. 农产品售出后

在宝贝售出之后，除了会收到相应的售出提醒信息，还需要主动联系买家确认收货信息，客服在线操作进行发货以及交易完成后的评价或投诉处理等。有的产品还需要取得相应的农产品质量认证，达到标准。

三、开通微信微商

（1）下载微店 APP，进行安装。安装完成之后，点击打开微店，选择注册；

（2）填写自己的手机号码，并且同意相关协议；

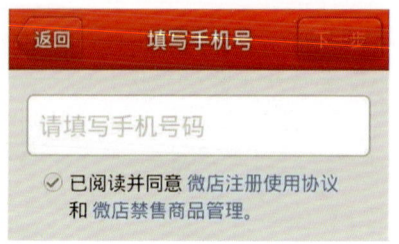

实 操 篇

（3）设置手机号和密码，登陆微店；

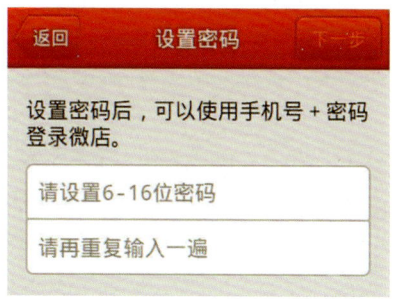

（4）输入店铺名称，店铺图标，也可以绑定微信号；

（5）填写真实姓名及身份证号，进行实名认证；

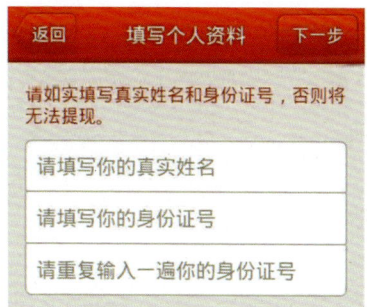

(6) 自此，店铺创建成功；

(7) 登陆之后，可以对自己的店铺进行相应的管理：包括实名认证"创建商品"、微信收款、我的微店、订单管理、销售管理、客户管理、我的收入、店铺装修、打折商店铺、店铺活动、装修市场、微信收款、素材中心、店长笔记、交易管理、商学院、服务、资源、供货、促销管理、我要推广等等。

注意事项

注册微信公众号时上传身份证尽量清晰可见；

新建商品或者店铺时上传图片尽量小于1M。

管理：包括客户、商品、订单和收入、消息、推广、经营分析。

微信支付

1. 首次使用，需用微信"扫一扫"扫描商品二维码，或直接点击购物选择要买的东西。

2. 点击立即购买，首次使用会有微信安全支付弹层弹出。

3. 点击立即支付，提示添加银行卡。

4. 填写相关信息，验证手机号。

 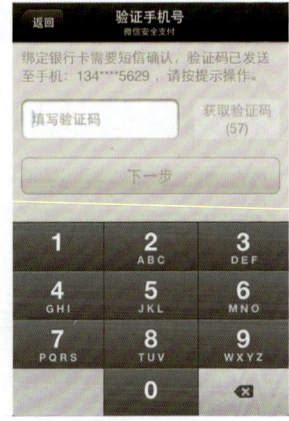

实 操 篇

5. 两次输入，完成设置支付密码，购买成功。

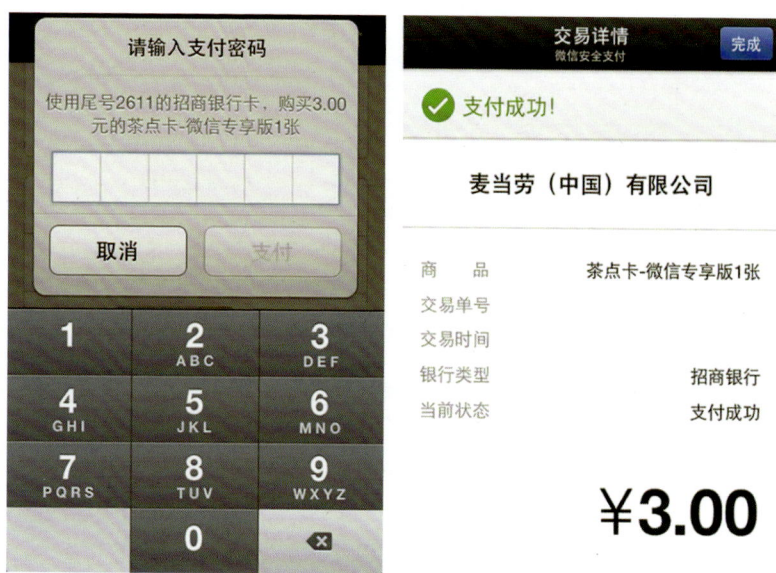

支付宝支付

1. 进入支付宝注册官网 https：//www.alipay.com，点击【免费注册】。

2. 点击【个人账户】,默认选择【中国大陆】,输入手机号码和验证码,点击【下一步】。

3. 填入手机上收到的校验码,点击【下一步】;(系统默认就是手机号码注册,填入的手机号如已注册过会提示"此手机号码已经被注册,请更换号码注册或登录")。

实 操 篇

如校验一直没有收到，可以点击【重发校验码短信】。

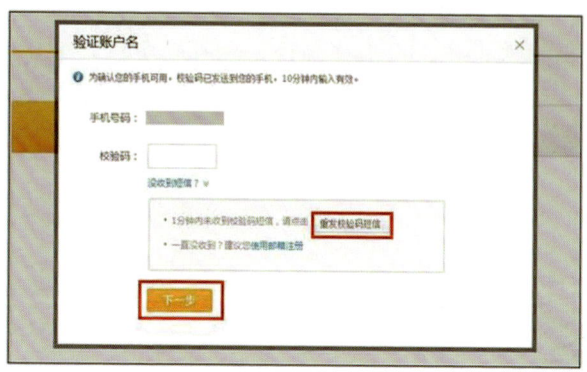

4. 填写账户基本信息（账户注册成功则默认支付宝账户绑定手机）。真实姓名：必填，需要您的真实姓名。注册完成后不可修改。

5. 姓名和身份证号码通过身份信息验证后，页面提示银行绑定银行卡，输入用户的银行卡卡号及该卡银行预留手机，点击【确定】，输入校验码，点击【确认，注册成功】完成开通支付宝服务且绑定银行卡成功。

6. 开通支付宝服务成功，点击【完善账户信息】补全用户职业及身份证有效期信息。

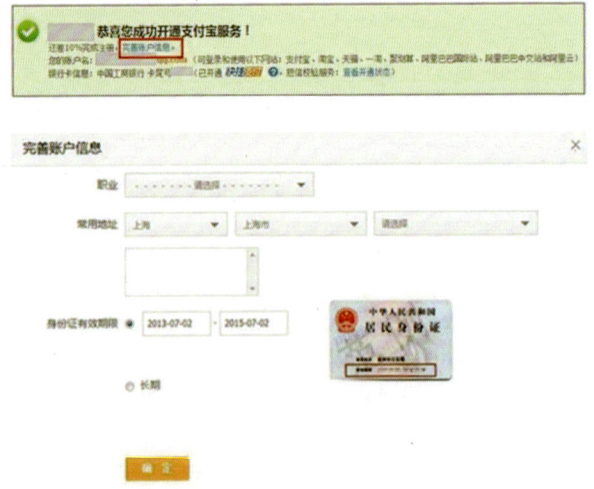

注册成功后，购物时可以直接选择进行支付宝支付。

教程四　网络营销怎么做

1. 要从产品自身做起

品质不好只能是一次性买卖，不能长久持续经营。成功的营销要让消费者有不同一般的体验感受和值得购买的感觉，这样才能拥有一批忠实的客户。要让消费者拥有不同一般的体验感受可以从产品的生产过程和产品品质两个方面入手。在标准化生产的基础上，利用信息采集和二维码技术，将生产信息上线。客户只要手机一扫就能知道产品具体产地所在、何时播种、何时施肥、何时采收以及产品安全检测结果等信息，完全掌握所购买农产品从种子到餐桌的所有信息，吃得安全、吃得放心。

2. 要提高产品品质，就必须对产品进行分等、分级，这是农产品生产和销售的一个大趋势

首先：农产品的档次高不仅仅是体现在外包装和内包装上，更重要的是产品本身的一些指标，比如产品的完整度，同一包装内产品的大小、成熟度、色泽等指标是否一致，这就是精致。

第二，网络营销一定要建立产品品牌。无论什么产品在网络上销售，都必须有自身的品牌，农产品也不例外。在做好产品定位的基础上，充分发掘自身产品的特色，通过品牌宣传，不断增强产品的影响力和公信力，让更多的消费者愿意做出第一次的尝试，进而成为产品的忠实客户。

第三，网络营销需利用好网络的信息流通快、覆盖面广的特性，进行大力的宣传和炒作，增加人们对产品的关注度，扩大购买群体。

无论是采用类似"褚橙"、"柳桃"的故事宣传，还是多利农庄"有机"的概念炒作，都是要突出特色，吸引眼球，通过产品亮点的展示，让消费者愿意去关注，在了解之后有购买的冲动。

第四，线上线下要相互结合。在线上销售的同时，设立实体体验店是不可缺少的，线下体验，线上支付。网上消费取代不了实体店的功能，两者相互结合是未来的发展趋势。

实 操 篇

教程五 如何解决农产品在运输中的保鲜问题

因为目前农民长途贩运水果蔬菜的储运设施绝大部分为竹篓、纸箱,甚至还有塑料编织袋。这些东西虽然价格相对便宜,但基本上都无法重复使用。比如用竹篓装水果,由于内壁不光滑,为了不伤水果,只好垫上好几层纸,而纸本身则会吸收水果中的水分,造成水果中的水分减少。而像纸箱包装水果,特别像葡萄、柿子之类的软水果,在长途贩运中经不起来回揉搓挤压,损失很大。再比如用塑料袋来包装苹果、酥梨之类的水果,则会因水果表皮的摩擦而失去光泽,不但不好看,而且直接影响其保存时间。正因如此,农民都企盼采用塑料果蔬保鲜箱来提高保鲜质量,减少贩运途中的损失,使水果蔬菜卖个好价钱。

农产品运输保鲜

因为贩运路线越来越长,以及反季节水果蔬菜的出现,在储运过程中保鲜问题越来越成为进入流通领域前的关键问题。而不易挤压、容易摆放也是塑料果蔬保鲜箱的一大特点。塑料果蔬保鲜箱具有一定的硬度，不但在储运过程中容易摆放，不浪费空间，而且还不容易挤压，特别对葡萄、西红柿之类的水果蔬菜来说，是最为理想的保鲜包装。除此之外，计量方便，可重复利用也是塑料果蔬保鲜箱的又一大特点，由于塑料保鲜箱与竹篓、纸箱不同，所以在计量时便相对准确。另外，还有利于循环反复利用。没有冷冻条件的情况下，放入清水袋就行了，使用带有冷藏功能的车，低温运输，隔绝空气后就避免氧化现象，对农产品密封运输，适当洒水保鲜蔬菜，不要阳光直射。

实 操 篇

教程六　怎样在网上购物

在网上购物前，无论哪个购物网站，把商品放进购物车或付款都需要注册个账号，一般都是免费注册的。另外还要填写详细的收货地址。当然，如果只是随便浏览网站是不用注册账号的。

注册完账户后就可以登录网站寻找称心如意的商品了。找商品时一定要看好它的评分和评论，这是一个辨别该商品好坏的比较客观的方法。

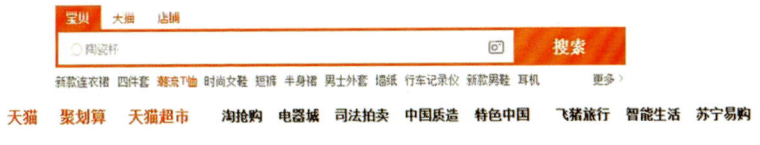

然后要货比三家，多找几个购物网站、几个网店进行比较，看看哪个购物网站、哪个卖家价格便宜、品质过硬。直接把商品名称、型号复制搜索就行。

为了保险起见,你可以去商场看好某个商品,然后在网上找到一模一样的,如果比商场里的便宜,可以考虑购买了。尽量去正规的大型购物网站购买。

选好商品后,可以加入购物车继续选择其他的商品,这样方便你回头考虑哪件商品想买哪件不想买。

实 操 篇

当确定购买某件商品后，如果是货到付款，就不用支付钱了；如果是在线支付，则要有开通网上支付的银行卡，然后输入银行卡号和密码，进行支付即可。

为了保险起见，最好是用支付宝、微信进行付款交易，这样能避免钱物两空。

教程七　网上购物需要注意什么

网购安全

（1）购物之前最好能选择一家专业的导购网站，现在专业的导购网站不仅能提供一些商家打折、优惠活动、电子优惠券信息，比价搜索等而且更主要的是通过他们的论坛了解一些商家网站的信誉度等等，一些导购网站还有"购物返现"，这样就可以节省一笔钱哦！一淘网就是业界比较好的网站，各方面反响都不错。

（2）学会使用搜索功能。找到需要的商品后，不要着急拍下，先和店主留言、交流，确定邮费和交易商品的一些细节问题。拍下后就不要再讨价还价了，卖家大多很反感这种行为。

（3）充分利用电子优惠券，电子优惠券是各商家为了吸引买家所提供的购物优惠凭证（又可以省一笔钱）。使用方法：顾客选择完商品提交订单，在付款方式的"使用购物礼券"栏输入礼券号码即可，使用成功后，系统会自动从订单总付款金额中减去相应金额。

(4）要充分利用留言、在线沟通等功能。一方面，留言是你了解要买的东西最好的途径，东西的质地、号码、功能、售后服务、有没有保修甚至全球联保（主要指电器类）；另一方面，沟通好的话不少店主还会给你一个更好的折扣，更重要的是通过回答可以知道货主的责任心、售后服务，甚至可以看出是不是骗子。

（5）看卖家信誉，特别是要看看信誉的详细内容。一般网上的购物网站（如淘宝网：www.taobao.com、易趣：www.ebay.com、卓越：www.joyo.com、当当：www.dangdang.com），都能在得到购买的商品后给卖家评价的。所以看一下其他买家给卖家的评价，特别是中评和差评的内容以及卖家对此的解释，从卖家回馈的态度，也能对卖家有个大体的了解。一般打开信誉评价先看中评和差评，看到有投诉东西是假货的一律不买！卖真货的卖家只卖真品，因为一个假货会毁掉全部信誉，负责任的卖家是不会冒这个险的（同理，负责的外贸店主会注明自己的东西哪些是正品、哪些是原单、哪些是跟单、哪些是仿单）。如果碰到一个好卖家，千万要珍惜，留下其联系方式，以备不时之需。

（6）网上成交，专业的卖家在成交后大多会给买家留言，确认订单信息，并询问买家的邮寄地址。要注意，一定要知道：卖家的固定电话、卖家的具体地址。如果卖家不告诉你这两个重要信息，千万要小心，注意资金安全，多数情况是碰到骗子。

（7）收到东西后，也别忘了要给卖家好评。不要随意给不好的评价，卖家经营也不容易。如果收到东西有问题，应该先与卖家联系，有些误会一个电话或一个留言就解决了。真的有了问题，好的卖家售后服务完善，退换规则齐全，会直到买家满意为止。当然态度恶劣的卖家，售后服务特差的另当别论了，就要坚决投诉到底了。

（8）留下交易记录，切忌私下交易。消费者千万不要因为急于成交而通过留言方式留下个人联系方式与卖家私下交易，因为如此一来，网站就无法掌握真实的交易纪录与信息，也就没有办法接受和处理一旦发生交易纠纷后的投诉。

（9）交易成功后，尽量索取售货凭证。在传统的网下购物中，人们习惯索要凭证即发票。但是，网上购物却经常因为没有相关的凭证，很多纠纷往往不了了之。因此，建议消费者在完成交易后，向卖家索要收据或者发票，并妥善保管订单信息等，同时保留与卖家的往来邮件或手机短信、在线对话记录等资料，以备不时之需。

教程八　如何进行网络购物维权

一、可要求直接侵权人商家承担责任

这种维权方式是消费者最容易想到的一种维权方法：谁销售了假冒伪劣产品即向谁主张责任。道理十分简单，商家的售假行为在直接侵犯了权利人版权、商标权等权利的同时也必然侵犯了消费者的知情权、安全权、公平交易权等权利。但这种方式的运用也要针对不同的场景。

1. 网络直销模式

网络直销模式是指企业通过自己的网络平台直接向客户或消费者销售商品，如京东商城、苏宁易购等。网络交易平台的经营者同时也是该平台所搭载的电子商务的经营者，主体具有同一性。消费者的合法权益一旦受到侵犯，即可通过网络平台上显示的工信部和公安部的认证和备案信息迅速准确地找到责任主体。此外，在网络直销模式下，经营者一般具有法人资格，专业从事电子商务业务，设有专门的客户服务部门或人员，消费者索赔方便又高效，所以很适合要求侵权人商家承担责任。

2. 电子商务中介经营模式

要求侵权商家直接承担责任这种方式对于电子商务中介经营模式而言，就会暴露出一定的弊端和局限性，表现为责任主体往往难以确认。因为在中介模式下，商户使用的并不是自己经营的网络交易平台，商户的信息无法在网络上直接获取。而且，在网络交易过程中，商户一般仅就商品的品质进行介绍和对外观进行展示，而不会告知企业或公司名称。至于商户是否在工商部门注册登记、是否具有独立责任能力以及住所地等信息，消费者可能更是一无所知。一旦权益受到侵害，消费者将会面临不知道应该起诉谁以及到哪里起诉等一系列难题。

二、消费者在网上购物时应该注意的要点

（1）购物平台的选择是关键。消费者应选择知名度高、信誉好、备案信息齐全的网络平台，以降低遭遇欺诈的危险系数。

（2）谨慎下单。面对心仪的商品心动的价格，不要急于付款，要"验明正身"后再买，要先对网站的联系电话进行试拨验证，仔细查实经营者的名称和地址等有关信息，以免盲目付款而财物两空。

（3）点击购物的过程中，应注意保存相关网页，索取付款凭证，为日后维权保留证据。

三、要求间接侵权人网络服务商承担责任

间接侵权人是指那些并没有直接参与到侵犯消费者权益的具体交易中,而是为该交易提供网络支撑平台的网络信息服务提供商,比如淘宝网。

基于中介经营模式下直接侵权人难以确认这一难题,近年来出现了一种在实体购物维权中很少用到、对网络购物维权特别重要,而又不为消费者熟悉甚至不为人知的一种新型维权途径:要求间接侵权人承担责任。

间接侵权人往往具有较高的知名度,容易确认,拥有雄厚的经济实力,理赔能力强,设有专业的客户服务团队,理赔服务好,效率高。因而,相较于要求商家承担责任,要求间接侵权人网络信息服务提供商承担责任,对消费者而言更有利也更有保障。

然而,消费者须注意的是,这一维权方法并不是在任何情况下都可使用,其适用条件比较严苛。它具有以下的要求:

(1)维权对象不能是纯粹的网络接入服务商(比如中国电信),必须是有机会接触销售商所发布信息内容的网络内容服务提供商。

(2)对于销售商在网络交易平台上发布非法信息(比如关于销售假冒商品的信息)的行为,网络服务商在主观上是实际知晓的。

(3)网络服务商在接到权利人通知后,没有采取措施将非法信息及时移除,而是任由非法信息继续存在,以致消费者误信而购买。

四、向消费者协会求助

消费者在自力维权的同时,必须清醒地认识到:网上购物也是消费,网络购物者也是消费者。网络消费者在权益受到侵害时,仍然可以向消费者权益保护委员会投诉,可以要求工商局、公安局等国家机关给予必要的保护。

教程九　农村电子商务与保险

农产品在流通环节的保险产品有货物运输责任险，投保人可分为两种：一种为物流公司投保，另一种为供货商投保。保险责任为运输过程中因自然灾害（如洪涝等）或意外事故（如交通事故等）造成货物的损失可以通过投保货运险降低物流公司或供货方的货物损失，或者进行保价约定赔偿。

此外，在生产环节，保险作为社会的"稳定器"正发挥其经济补偿与"资金放大器"的作用，我省保险行业不断创新保险产品，改善服务方式，大力推动农业保险。截至 2017 年，全省共开办种植业农险险种 30 个，从水稻、玉米拓展到咖啡、白云豆、魔芋、山药、苹果、芒果、石斛、重楼，完善烟草、甘蔗、橡胶等保险服务，发展茶叶、花卉等优质产业保险。生猪、肉牛、奶牛、禽蛋等也进一步完善农业保险，逐步服务农业产业链。

相关法律知识

国家工商总局发布了《网络交易管理办法》，并宣布从 2014 年 3 月 15 日正式实施。《办法》规定明确：消费者网购商品自收货起七日内可无理由退货。但一些电子商务及法律界专家表示，即将实施的《网、络交易管理办法》作为电子商务立法的开篇之作，在操作标准等方面的界定还不是很明确，有可能在执行和维权过程中产生争议。《办法》规定，网络商品经营者销售商品，消费者有权自收到商品之日起七日内退货,且无需说明理由,但下列商品除外:(一)消费者定做的;(二)鲜活易腐的;(三)在线下载或者消费者拆封的音像制品、计算机软件等数字化商品;(四)交付的报纸、期刊。除前款所列商品外,其他根据商品性质并经消费者在购买时确认不宜退货的商品,不适用无理由退货。消费者退货的商品应当完好。网络商品经营者应当自收到退回商品之日起七日内返还消费者支付的商品价款。退回商品的运费由消费者承担;网络商品经营者和消费者另有约定的,按照约定。

《中华人民共和国消费者权益保护法》中有关内容的规定:第十一条,消费者因购买、使用商品或者接受服务受到人身、财产损害的,享有依法获得赔偿的权利。第十二条,消费者享有依法成立维护自身合法权益的社会团体的权利。第十三条,消费者享有获得有关消费和消费者权益保护方面的知识的权利。消费者应当努力掌握所需商品或者服务的知识和使用技能,正确使用商品,提高自我保护意识。第十四条,消费者在购买、使用商品和接受服务时,享有其人格尊严、民族风俗习惯得到尊重的权利。

第二十三条,经营者提供商品或者服务,按照国家规定或者与消费者的约定,承担包修、包换、包退或者其他责任的,应当按照国家规定或者约定履行,不得故意拖延或者无理拒绝。

附 录

农村电子商务政策汇编

近年来,国家层面涉及农村电子商务的政策层出不穷,令人目不暇接。为此,特别搜集了近两年内涉及农村电子商务的各级政策文件,将其中有关农村电子商务的内容摘编如下:

中共中央、国务院关于加大改革创新力度加快农业现代化建设的若干意见

中发〔2015〕1号

5. 创新农产品流通方式。加快全国农产品市场体系转型升级,着力加强设施建设和配套服务,健全交易制度。完善全国农产品流通骨干网络,加大重要农产品仓储物流设施建设力度。加快千亿斤粮食新建仓容建设进度,尽快形成中央和地方职责分工明确的粮食收储机制,提高粮食收储保障能力。继续实施农户科学储粮工程。加强农产品产地市场建设,加快构建跨区域冷链物流体系,继续开展公益性农产品批发市场建设试点。推进合作社与超市、学校、企业、社区对接。清理整顿农产品运销乱收费问题。发展农产品期货交易,开发农产品期货交易新品种。支持电子商务、物流、商贸、金融等企业参与涉农电子商务平台建设。开展电子商务进农村综合示范。

中共中央国务院关于深化供销合作社综合改革的决定

中发〔2015〕11号

(五)提升农产品流通服务水平。加强供销合作社农产品流通

网络建设,创新流通方式,推进多种形式的产销对接。将供销合作社农产品市场建设纳入全国农产品市场发展规划,在集散地建设大型农产品批发市场和现代物流中心,在产地建设农产品收集市场和仓储设施,在城市社区建设生鲜超市等零售终端,形成布局合理、联结产地到消费终端的农产品市场网络。积极参与公益性农产品批发市场建设试点,有条件的地区,政府控股的农产品批发市场可交由供销合作社建设、运营、管护。继续实施新农村现代流通服务网络工程建设,健全农资、农副产品、日用消费品、再生资源回收等网络,加快形成连锁化、规模化、品牌化经营服务新格局。顺应商业模式和消费方式深刻变革的新趋势,加快发展供销合作社电子商务,形成网上交易、仓储物流、终端配送一体化经营,实现线上线下融合发展。

国务院办公厅关于大力发展电子商务加快培育经济新动力的意见

国发〔2015〕24号

(十三)积极发展农村电子商务。加强互联网与农业农村融合发展,引入产业链、价值链、供应链等现代管理理念和方式,研究制定促进农村电子商务发展的意见,出台支持政策措施。(商务部、农业部)加强鲜活农产品标准体系、动植物检疫体系、安全追溯体系、质量保障与安全监管体系建设,大力发展农产品冷链基础设施。(质检总局、发展改革委、商务部、农业部、食品药品监管总局)开展电子商务进农村综合示范,推动信息进村入户,利用"万村千乡"市场网络改善农村地区电子商务服务环境。(商务部、农业部)建设地理标志产品技术标准体系和产品质量保证体系,支持利用电子商务平台宣传和销售地理标志产品,鼓励电子商务平台服务"一村一品",促进品牌农产品走出去。鼓励农业生产资料企业发展电子商务。(农业部、质检总局、工商总局)支持林

业电子商务发展，逐步建立林产品交易诚信体系、林产品和林权交易服务体系。（林业局）

国务院关于积极推进"互联网+"行动的指导意见

国发〔2015〕40号

1. 积极发展农村电子商务。开展电子商务进农村综合示范，支持新型农业经营主体。和农产品、农资批发市场对接电子商务平台，积极发展以销定产模式。完善农村电子商务配送及综合服务网络，着力解决农副产品标准化、物流标准化、冷链仓储建设等关键问题，发展农产品个性化定制服务。开展生鲜农产品和农业生产资料电子商务试点，促进农业大宗商品电子商务发展。

国务院办公厅关于加快转变农业发展方式的意见

国办发〔2015〕59号

（十一）创新农业营销服务。加强全国性和区域性农产品产地市场建设，加大农产品促销扶持力度，提升农户营销能力。培育新型流通业态，大力发展农业电子商务，制定实施农业电子商务应用技术培训计划，引导各类农业经营主体与电子商务企业对接，促进物流配送、冷链设施设备等发展。加快发展供销合作社电子商务。积极推广农产品拍卖交易方式。

国务院办公厅关于推进线上线下互动加快商贸流通创新发展转型升级的意见

国办发〔2015〕72号

（四）推进零售业改革发展。鼓励零售企业转变经营方式，支持受线上模式冲击的实体店调整重组,提高自营商品比例,加大自主品牌、定制化商品比重,深入发展连锁经营。鼓励零售企业利用互联网技术推进实体店铺数字化改造,增强店面场景化、立体化、智能化展示功能,开展全渠道营销。鼓励大型实体店不断丰富消费体验,向智能化、多样化商业服务综合体转型,增加餐饮、休闲、娱乐、文化等设施,由商品销售为主转向"商品+服务"并重。鼓励中小实体店发挥靠近消费者优势,完善便利服务体系,增加快餐、缴费、网订店取、社区配送等附加便民服务功能。鼓励互联网企业加强与实体店合作,推动线上交流互动、引客聚客、精准营销等优势和线下真实体验、品牌信誉、物流配送等优势相融合,促进组织管理扁平化、设施设备智能化、商业主体在线化、商业客体数据化和服务作业标准化。(商务部、发展改革委)支持新型农业经营主体对接电子商务平台,有效衔接产需信息,推动农产品线上营销与线下流通融合发展。鼓励农业生产资料经销企业发展电子商务,促进农业生产资料网络营销。(农业部、发展改革委)支持零售企业线上线下结合,开拓国际市场,发展跨境网络零售。(商务部)

(十)推进农村市场现代化。开展电子商务进农村综合示范,推动电子商务企业开拓农村市场,构建农产品进城、工业品下乡的双向流通体系。(商务部、财政部)引导电子商务企业与农村邮政、快递、供销、"万村千乡市场工程"、交通运输等既有网络和优势资源对接合作,对农村传统商业网点升级改造,健全县、乡、村三级农村物流服务网络。加快全国农产品商务信息服务公共平台建设。(商务部、交通运输部、邮政局、供销合作总社、发展改革委)大力发展农产品电子商务,引导特色农产品主产区县市在第三方电子商务平台开设地方特色馆。(商务部、地方各级人民政府)推进农产品"生产基地+社区直配"示范,带动订单农业发展,提高农产品标准化水平。加快信息进村入户步伐,加强村级信息服务站建设,强化线下体验功能,提高新型农业经营主体电子商务应用能力。(农业部)

国务院办公厅关于促进农村电子商务加快发展的指导意见

国办发〔2015〕78号

到2020年,初步建成统一开放、竞争有序、诚信守法、安全可靠、绿色环保的农村电子商务市场体系,农村电子商务与农村一二三产业深度融合,在推动农民创业就业、开拓农村消费市场、带动农村扶贫开发等方面取得明显成效。

三、重点任务

(一)积极培育农村电子商务市场主体。充分发挥现有市场资源和第三方平台作用,培育多元化农村电子商务市场主体,鼓励电子商务、物流、商贸、金融、供销、邮政、快递等各类社会资源加强合作,构建农村购物网络平台,实现优势资源的对接与整合,参与农村电子商务发展。

(二)扩大电子商务在农业农村的应用。在农业生产、加工、流通等环节,加强互联网技术应用和推广。拓宽农产品、民俗产品、乡村旅游等市场,在促进工业品、农业生产资料下乡的同时,为农产品进城拓展更大空间。加强运用电子商务大数据引导农业生产,促进农业发展方式转变。

(三)改善农村电子商务发展环境。硬环境方面,加强农村流通基础设施建设,提高农村宽带普及率,加强农村公路建设,提高农村物流配送能力;软环境方面,加强政策扶持,加强人才培养,营造良好市场环境。

中共中央国务院关于打赢脱贫攻坚战的决定

2015年11月29日

(十五)加大"互联网+"扶贫力度。完善电信普遍服务补偿机制,加快推进宽带网络覆盖贫困村。实施电子商务扶贫工程。加快贫困地区物流配送体系建设,支持邮政、供销合作等系统在贫困乡村建立服务网点。支持电子商务企业拓展农村业务,加强贫困地区农产品网上销售平台建设。加强贫困地区农村电子商务人才培训。对贫困家庭开设网店给予网络资费补助、小额信贷等支持。开展互联网为农便民服务,提升贫困地区农村互联网金融服务水平,扩大信息进村入户覆盖面。

国务院办公厅关于深入实施"互联网+流通"行动计划的意见

国办发〔2016〕24号

六、深入推进农村电子商务。坚持市场运作,充分发挥各类市场主体参与农村电子商务发展的动力和创造力。促进农产品网络销售,以市场需求为导向,鼓励供销合作社等各类市场主体拓展适合网络销售的农产品、农业生产资料、休闲农业等产品和服务,引导电子商务企业与新型农业经营主体、农产品批发市场、连锁超市等建立多种形式的联营协作关系,拓宽农产品进城渠道,突破农产品冷链运输瓶颈,促进农民增收,丰富城市供应。畅通农产品流通,切实降低农产品网上销售的平台使用、市场推广等费用,提高农村互联网和信息化技术应用能力。鼓励电子商务企业拓展农村消费市场,针对农村消费习惯、消费能力、消费需求特点,从供给端提高商品和服务的结构化匹配能力,带动工业品下乡,方便农民消费。鼓励邮政企业等各类市场主体整合农村物流资源,建设改造农村物流公共服务中心和村级网点,切实解决好农产品进城"最初一公里"和工业品下乡"最后一公里"问题。(商务部、国家发展改革委、工业和信息化部、财政部、交通运输部、农业部、质检总局、国家旅游局、国家邮政局、供销合作总社、中国邮政集团公司,地方各级人民政府)

农业部关于扎实做好 2015 年农业农村经济工作的意见

农发〔2015〕1 号

18. 发展农产品电子商务。加强农产品产地市场体系建设，继续开展公益性农产品批发市场建设试点，支持发展直销、配送、电子商务等新型农产品流通业态。以农产品为重点开展农村电子商务示范，构建以国家级产地批发市场为龙头、田头市场为一体的国家农产品电子商务公共支撑平台，促进各类经营主体同大型电子商务平台合作，推广"田头市场+电子商务企业+城市终端配送"等营销模式。推动建立品牌农业制度体系，培育农产品知名品牌。探索建立农产品分等分级制度。推进合作社与超市、学校、企业、社区对接。推动发展农产品期货交易，鼓励开发农产品期货交易新品种。

农业部国家发改委商务部印发推进农业电子商务发展行动计划

2015 年 9 月 6 日

一、深刻认识推进农业电子商务发展的重大意义

（一）推进农业电子商务发展是完善农产品市场机制的重要举措。党的十八届三中全会指出要使市场在资源配置中起决定性作用。实践证明，电子商务可以为传统农产品产销注入信息化元素，以信息流带动物流、技术流、人才流、资金流，实时反映供求状况，解决市场信息不对称问题，提升农产品生产者话语权，拓展新渠道、新客源和新市场；能够有效促进产销衔接，降低流通成本，同时有利于稳定市场预期、减缓价格波动，是建立健全现代农产品流通体系的必然要求。迫切需要通过加快发展农业电子商务，有效

附 录

引导市场主体广泛参与，促进资源要素合理有序流动，消除妨碍公平竞争的制约因素，推动全国农产品统一市场的进一步完善，更好地发挥市场配置资源的决定性作用。

（二）推进农业电子商务发展是促进现代农业发展的重要途径。发展现代农业的基础和前提是市场化，农业电子商务是农业市场化的重要组成部分，是现代服务业的重要内容。推进农业电子商务，将产业链、价值链、供应链等现代经营管理理念融入农业，可以促进现代信息技术与传统农业全面深度融合，推动农业生产由以产品为中心转变为以市场为导向、以消费者为中心，倒逼农业生产标准化、品牌化，优化农业生产布局和品种结构，发展高产、优质、高效、生态、安全农业，实现农业发展方式根本性转变，提高农业产业素质和国际竞争力，为新型工业化、信息化、城镇化和农业现代化同步发展拓展新的空间、增添新的动力。

（三）农业电子商务发展是扩大和提升消费需求的重要动力。在经济新常态下，扩大和提升消费需求对促进经济发展的关键作用日益凸显。促进电子商务创新发展，是实施"互联网+"行动的重大举措，对主动适应经济发展新常态、打造经济社会发展新引擎、有效应对经济下行压力具有重要现实意义。推动农业电子商务发展是顺应消费方式、生活方式深刻变化的现实需要，可以满足不同消费群体的个性化、多样化、便捷性需求，能够突破购销的时空限制，进一步挖掘市场需求潜力，促进消费转型升级。同时，农业电子商务的发展，还可以创新流通方式，带动农业生产资料和消费品下乡，加快形成城乡产品和要素市场双向流动的新格局，激活农村消费市场活力，让农村居民分享信息经济发展的成果。

（四）推进农业电子商务发展是加快转变政府职能的客观要求。在充分发挥市场配置资源决定性作用的同时，要更好发挥政府作用，为市场主体创造良好发展环境，切实加强公共服务、市场监管、社会管理等职责。农业部门在继续抓好农业生产的同时，应更加重视搞活农产品流通，创新农业生产资料下乡渠道。农业电子商务作为农产品流通和农业生产资料销售的新业态,在发展的过程中出现了一些新情况新问题,需要政府部门转变观念、转变职能,切实把推进农业电子商务发展作为一项重要工作来抓,加强政策创设和规划制定,健全农产品和农业生产资料市场信息监测预警体系、标准体系、质量安全追溯体系、诚信体系和法律法规建设,强化市场监管和行政执法,努力营造安全可信、规范有序的农业电子商务发展环境。

(六)基本原则。一是市场主体,政府引导。正确处理好市场与政府的关系,充分发挥市场主体作用,提高农业电子商务资源配置效率,同时加强政策、规划、信息指导,强化制度建设和市场监管,为农业电子商务发展创造良好环境。二是统筹兼顾,重点突破。注重农村与城市相结合、农产品与农业生产资料和消费品相结合、线上与线下相结合,分类别、分阶段、分区域拓展和推动农业电子商务应用。重点探索鲜活农产品与农业生产资料的电子商务模式,支持发展产地田头市场、城乡仓储、冷链物流、终端配送,突破发展瓶颈。三是创新驱动,示范引领。推动技术创新、管理创新、服务创新和制度创新,将移动互联网、云计算、大数据、物联网等新一代信息技术贯穿到农业电子商务的各领域各环节,切实增强自主创新能力。注重典型引路和示范带动,因地制宜探索发展适应当地实际的农业电子商务模式。四是规范有序,健康发展。在发展中求规范,以规范促发展。立足需求导向,坚持必要和可行的原则,明确方向和重点,采取先易后难、循序渐进的策略,找准切入点和突破口,有力有序推进,避免盲目跟风,保障农业电子商务快速健康持续发展。

(七)总体目标。到2018年,农业电子商务基础设施条件明显改善,制度体系和政策环境基本健全,培育出一批具有重要影响力的农业电子商务企业和品牌,电子商务在农产品和农业生产资料流通中的比重明显上升,对完善农产品和农业生产资料市场流通体系、提升消费需求、繁荣城乡经济的作用显著增强。

附 录

三、重点任务

（八）积极培育农业电子商务市场主体。围绕提升新型农业经营主体电子商务应用能力、支持农产品和农业生产资料网络营销、推进农业生产性服务线上交流与交易、壮大农业电子商务企业的发展目标，培育农业电子商务市场主体，推动形成各类市场主体竞相发展农业电子商务的新格局。

（九）着力完善农业电子商务线上线下公共服务体系。探索农产品和农业生产资料线上与线下协同发展模式，完善农产品监测预警、质量标准和追溯体系，推动农业电子商务相关数据信息开放共享，实现农业全产业链数据互联互通，完善农业电子商务线上线下公共服务体系，为农业电子商务提供公共服务支撑。

（十）大力疏通农业电子商务渠道。加强与相关部门的沟通协调、形成合力，加快推动网络、物流、冷链、仓储等基础设施建设，鼓励相关经营主体开展技术、机制、模式创新，深入推进信息进村入户，开展电子商务进农村综合示范，为全面发展农业电子商务创造良好条件、提供经验。

（十一）切实加大农业电子商务技术创新应用力度。按照"需求牵引、重点跨越、支撑发展、引领未来"的原则，开展农业电子商务发展战略研究，突破核心关键技术，制定完善相关标准、法规，大力推广先进实用信息化技术在流通等领域的应用，全面提升农业电子商务技术创新应用能力。

（十二）加快完善农业电子商务政策体系。按照"政府引导，市场主体"的原则，强化顶层设计和政策创设，配合有关部门优化农业电子商务相关审批事项和流程，推动落实支持农业电子商务发展扶持政策，充分发挥市场在资源配置中的决定性作用，为农业电子商务发展提供良好政策环境。

农业部关于扎实做好 2016 年农业农村经济工作的意见

农发〔2016〕1 号

20. 大力发展农产品加工业和市场流通。研究出台指导农产品加工业发展的政策文件,推动农产品加工业转型升级。完善并继续实施农产品产地初加工补助政策,加快建设一批农产品加工示范县、示范园区、示范企业。支持粮食主产区发展粮食深加工,继续加强农产品加工科技创新和推广,深入开展加工副产物综合利用试点,实施主食加工和农产品加工质量品牌提升行动。健全统一开放、布局合理、竞争有序的现代农产品市场体系,加快国家级农产品专业市场建设。加强储运加工布局和市场流通体系的衔接,推进实物流通和电子商务相结合的物流体系建设,促进物流配送、冷链设施设备等发展。鼓励农村经纪人和新农民搞活农产品流通。

农业部办公厅关于印发农业电子商务试点方案的通知

农办市〔2016〕1 号

(一)鲜活农产品电子商务试点

1. "基地+城市社区"直配模式。建立农产品生产基地的智能管理服务平台,提供农产品种植计划、农产品实时产量、采后库存等信息;建立鲜活农产品产销网络对接平台,采集生鲜采购商(生鲜电子商务、商超、社区店、餐饮、大客户等)的采购信息,并与生产基地进行对接,制定鲜活农产品销售计划;设立农产品体验店、自提点和提货柜,加强与传统鲜活农产品零售渠道的合作,开展农场会员宅配、农产品众筹、社区支持农业等模式探索,建立农产品社区直供系统;自建或依托第三方,建立全程冷链物流配送体系。鼓励开展其他形式的"基地+城市社区"鲜活农产品直配试

点。(试点省份：北京、河北、吉林、湖南、广东、重庆)

2. "批发市场+宅配"模式。推动电子商务企业与农产品批发市场合作，充分发挥农产品批发市场集货、仓储优势，依托社区便利店、水果店设立自提点，建立城市鲜活农产品配送物流体系，探索鲜活农产品直配到户的"批发市场+宅配"电子商务零售模式。(试点省份：北京、广东)

3. 鲜活农产品电子商务标准体系。支持电子商务企业制定适合电子商务的农产品分等分级、产品包装、物流配送、业务规范等标准，组织快递企业制定适应农业电子商务产品寄递需求的定制化包装、专业服务等标准，研究制定农业电子商务技术标准和业务规范。(试点省份：河北、重庆)

4. 鲜活农产品质量安全追溯及监管体系。建立健全"名特优新""三品一标""一村一品"等电子商务基础数据库，探索与电子商务企业建立数据共享机制；建立健全适应电子商务需求的农产品质量安全追溯管理信息系统，完善农产品质量标准和质量安全追溯体系。(试点省份：吉林、重庆、宁夏)

(二) 农业生产资料电子商务试点

5. 农资网上销售平台。充分利用信息进村入户平台、大型农业、农资电子商务平台、供销社等已有渠道，线上线下相结合，开展农资网上销售，探索实现部分县域的农资电子商务配送全覆盖；现阶段，以化肥为重点，逐步扩展到种子、农药、兽药、农机具等主要农资品种；鼓励电子商务企业加大宣传和培训力度，积极引导农民逐渐形成网购农资习惯。(试点省份：吉林、黑龙江、江苏、湖南)

6. 农资电子商务服务体系。推动农资生产、经销企业与电子商务平台企业加强合作，依托国家农业数据中心、12316三农综合信息服务平台和农技推广服务体系，提供测土配方施肥、农资市场价格、农资使用指导、农事咨询、气象信息等专业服务；支持电子商务平台企业建立大数据分析系统，掌握分析农民用肥、施肥数据及测土配方、病虫害等数据,由单一的农资销售平台向产前、产中、产后全链条农资服务商转变,试点农资精准服务;加强与银行、保险公司等金融服务企业合作,提供农资贷款、农业生产保险等相关金融服务。(试点省份:吉林、黑龙江、江苏、湖南)

7. 农资电子商务监管体系。建立健全适应电子商务需求的农业生产资料质量安全追溯管理信息系统和网上投诉处理平台,推动种植、畜牧、水产以及种子、化肥、农药、农机等行业监管信息共享和互联互通,加强农资电子商务监管,推行信用档案制度,确保网上销售的农资可信、可用、可管。(试点省份:吉林、黑龙江重点建立化肥电子商务监管体系,吉林、湖南重点建立种子电子商务监管体系,江苏重点建立农药、兽药电子商务监管体系)

(三)休闲农业电子商务试点

8. 休闲农业电子商务平台。推动城市郊区休闲农业资源建设、开发,整合休闲农业资源,以标准化接待规范、信用评价体系、地理信息系统和移动定位技术为支撑,以采摘、餐饮、住宿、主题活动、民俗产品购销等为主要服务内容,建立统一的休闲农业线上推介、销售、服务平台和质量监督体系,实现乡村旅游线上直销,推动形成线上线下融合、城乡互动发展的休闲农业产业链。(试点省份:北京、海南)

农业部国家发改委中央网信办等8部门联合印发"互联网+"现代农业三年行动实施方案

农市发〔2016〕2号

(七)"互联网+"农业电子商务

大力发展农业电子商务,带动农业市场化,倒逼农业标准化,促进农业规模化,提升农业品牌化,推动农业转型升级、农村经济发展、农民创业增收。提升新型农业经营主体电子商务应用能力,推动农产品、农业生产资料和休闲农业相关优质产品和服务上网销售,大力培育农业电子商务市场主体,形成一批具有重要影响力的农业电子商务龙头企业和品牌。加强网络、加工、包装、物流、冷链、仓储、支付等基础设施建设,推动农产品分等分级、产品包装、物流配送、业务规范等标准体系建设,完善农业电子商务发展基础环境。开展农业电子商务试点示范,鼓励相关经营主体进行技术、机制、模式创新,探索农产品线上与线下相结合的发展模式,推动生鲜农产品直配和农业生产资料下乡率先取得突破。推进农产品批发市场信息技术应用,加强批发市场信息服务平台建设,提升信息服务能力,推动批发市场创新发展农产品电子商务。加快推进农产品跨境电子商务发展,促进农产品进出口贸易。推动农业电子商务相关数据信息共享开放,加强信息监测统计、发布服务工作。(农业部、发展改革委、中央网信办、商务部、质检总局)

(二)农业电子商务示范工程

探索农产品、农业生产资料、休闲农业等不同类别农业电子商务的发展路径。融合产业链、价值链、供应链,开展鲜活农产品网上销售应用示范。培育农业电子商务应用主体,推进新型农业经营主体对接电子商务平台。开展鲜活农产品、农业生产资料、休闲农业等电子商务试点。构建农业电子商务标准体系、进出境动植物疫情防控体系、全程冷链物流配送体系、质量安全追溯体系和质量监督管理体系。(农业部、发展改革委、中央网信办、质检总局)

商务部等13部门关于进一步加强农产品市场体系建设的指导意见

2014年2月27日

(十一)大力发展农产品电子商务。把农产品电子商务作为重要战略制高点,积极开展农产品电子商务示范培育工作。积极发展县域服务驱动型、特色品牌营销型等多元化的农产品电子商务模式。支持农产品批发市场依托场内加工配送中心或依托产地集配中心和田头市场,开展线上线下相结合的产销一体化经营。加强农产品电子商务服务平台建设,深入推进农村商务信息服务,力争在重点地区、重点品种和重点环节率先突破。

商务部等19部门关于加快发展农村电子商务的意见

商建发【2015】306号

2015年8月21日

(三)发展目标。

争取到2020年,在全国培育一批具有典型带动作用的农村电子商务示范县。电子商务在降低农村流通成本、提高农产品商品化率和农民收入、推进新型城镇化、增加农村就业、带动扶贫开发等方面取得明显成效,农村流通现代化水平显著提高,推动农村经济社会健康快速发展。

一、提升农村电子商务应用水平

(四)建设新型农村日用消费品流通网络。

适应农村产业组织变化趋势,充分利用"万村千乡"、信息进村入户、交通、邮政、供销合作社和商贸企业等现有农村渠道资源,与电子商务平台实现优势互补,加强服务资源整合。推动传统生产、经营主体转型升级,创新商业模式,促进业务流程和组织结构的优化重组,增强产、供、销协同能力,实现线上线下融合发展。支持电子商务企业渠道下沉。加强县级电子商务运营中心、乡镇商贸中心和配送中心建设,鼓励"万村千乡"等企业向村级店提供B2B网上商品批发和配送服务。鼓励将具备条件的村级农家店、供销合作社基层网点、农村邮政局所、村邮站、快递网点、信息进村入户村级信息服务站等改造为农村电子商务服务点,加强与农村基层综合公共服务平台的共享共用,推动建立覆盖县、乡、村的电子商务运营网络。

附 录

(五) 加快推进农村产品电子商务。

以农产品、农村制品等为重点,通过加强对互联网和大数据的应用,提升商品质量和服务水平,培育农村产品品牌,提高商品化率和电子商务交易比例,带动农民增收。与农村和农民特点相结合,研究发展休闲农业和乡村旅游等个性化、体验式的农村电子商务。指导和支持种养大户、家庭农场、农民专业合作社、农业产业化龙头企业等新型农业经营主体和供销合作社、扶贫龙头企业、涉农残疾人扶贫基地等,对接电子商务平台,重点推动电子商务平台开设农业电子商务专区、降低平台使用费用和提供互联网金融服务等,实现"三品一标"、"名特优新"、"一村一品"农产品上网销售。鼓励有条件的农产品批发和零售市场进行网上分销,构建与实体市场互为支撑的电子商务平台,对标准化程度较高的农产品探索开展网上批发交易。鼓励新型农业经营主体与城市邮政局所、快递网点和社区直接对接,开展生鲜农产品"基地+社区直供"电子商务业务。从大型生产基地和批发商等团体用户入手,发挥互联网和移动终端的优势,在农产品主产区和主销区之间探索形成线上线下高效衔接的农产品交易模式。

(六) 鼓励发展农业生产资料电子商务。

组织相关企业、合作社,依托电子商务平台和"万村千乡"农资店、供销合作社农资连锁店、农村邮政局所、村邮站、乡村快递网点、信息进村入户村级信息服务站等,提供测土配方施肥服务,并开展化肥、种子、农药等生产资料电子商务,推动放心农资进农家,为农民提供优质、实惠、可追溯的农业生产资料。发挥农资企业和研究机构的技术优势,将农资研发、生产、销售与指导农业生产相结合,通过网络、手机等提供及时、专业、贴心的农业专家服务,与电子商务紧密结合,加强使用技术指导服务体系建设,宣传、应用和推广农业最新科研成果。

(七) 大力发展农村服务业。

按照新型城镇化发展要求,逐步增加农村电子商务综合服务功能，实现一网多用，缩小城乡居民在商品和服务消费上的差距。鼓励与服务业企业、金融机构等加强合作，提高大数据分析能力，在不断完善农民网络购物功能的基础上，逐步叠加手机充值、票务代购、水电气费缴纳、农产品网络销售、小额取现、信用贷款、家电维修、养老、医疗、土地流转等功能，进一步提高农村生产、生活服务水平。与城市社区电子商务系统有机结合，实现城乡互补和融合发展。

（八）提高电子商务扶贫开发水平。

按照精准扶贫、精准脱贫的原则，创新扶贫开发工作机制，把电子商务纳入扶贫开发工作体系。积极推进电子商务扶贫工程，密切配合，形成合力，瞄准建档立卡贫困村，覆盖建档立卡贫困户。鼓励引导易地扶贫搬迁安置区和搬迁人口发展电子商务。提升贫困地区交通物流、网络通信等发展水平，增强贫困地区利用电子商务创业、就业能力，推动贫困地区特色农副产品、旅游产品销售，增加贫困户收入。鼓励引导电子商务企业开辟贫困老区特色农产品网上销售平台，与合作社、种养大户建立直采直供关系。到2020年，对有条件的建档立卡贫困村实现电子商务扶贫全覆盖。

商务部等10部委印发全国农产品市场体系发展规划

2015年8月31日

（四）推动农产品流通信息化建设。

加快移动互联网、物联网、二维码、无线射频识别等信息技术在农产品流通领域应用，发展"互联网+农产品流通"，促进农产品商流、物流、信息流、资金流四流融合。鼓励传统农产品流通企业树立互联网思维，推动智慧型农产品批发市场发展，鼓励各类农产品流通主体完善信息化管理系统，整合各类涉农信息服务资源，构建覆盖生产、流通、消费的农产品流通大数据平台，建设互联互通的全国农产品流通信息服务体系。发展农产品电子商务，支持农产品批发市场和流通企业开展线上线下相结合的一体化经营，逐步扩大网上交易的品种和配送范围，完善网上交易技术标准、统计监测和信用体系，促进农产品产销与物联网、互联网协同发展。积极培育各类农产品电子商务平台，鼓励各类电子商务、物流、商贸流通、金融等企业，参与平台建设和运营。完善市场监测、预警和信息发布机制，重点对关系居民日常生活、容易出现"卖难买贵"问题的农产品的供求、质量、价格等信息进行实时监测。鼓励有条件的地区和农产品流通企业建立区域性农产品信息数据库和企业网上信息平台。

商务部等六部门关于印发全国电子商务物流发展专项规划（2016-2020年）的通知

商流通发〔2016〕85号

（五）加快中小城市和农村电子商务物流发展。

积极推进电子商务物流渠道下沉，支持电子商务物流企业向中小城市和农村延伸服务网络。结合农村产业特点，推动物流企业深化与各类涉农机构和企业合作，培育新型农村电子商务物流主体。充分利用"万村千乡"、邮政等现有物流渠道资源，结合电子商务进农村、信息进村入户、快递"向西向下"服务拓展工程、农村扶贫等工作，构建质优价廉产品流入、特色农产品流出的快捷渠道，形成"布局合理、双向高效、种类丰富、服务便利"的农村电子商务物流服务体系。

（三）电子商务物流农村服务工程。

结合新型城镇化建设，依托"电子商务进农村"等工程，整合县、乡镇现有流通网络资源，发展农村电子商务物流配送体系。鼓励电子商务企业、大型连锁企业和物流企业完善农村服务网点，发挥电子商务物流在工业品下乡和农产品进城的双向流通网络构建中的支撑作用。支持建立具备运营服务中心和仓储配送中心（商品中转集散中心)功能的县域农村电子商务服务中心,发展与电子交易、网上购物、在线支付协同发展的农村物流配送服务。

商务部办公厅关于印发 2016 年电子商务和信息化工作要点的通知

商办电函 [2016] 120 号

(六)加快电子商务进农村。继续开展电子商务进农村综合示范,优先在革命老区和贫困地区实施,提高扶贫效率和精准度。加大农村电子商务创新创业扶持力度,实施农村电子商务百万英才计划,开展农村电子商务创新创业大赛,发布农村电子商务工作指引和服务规范。优化全国农产品商务信息公共服务平台功能,发挥行业协会优势,开展专业领域的信息服务。加强与批发市场、超市、电子商务企业的合作,建立农产品采购商数据库,办好农产品网上购销对接会。地方商务主管部门要深入落实推进电子商务进农村和农产品电子商务发展的各项举措,切实提高政策扶持效果。

财政部关于印发《农业综合开发推进农业适度规模经营的指导意见》的通知

财发 [2015] 12 号

(十四)加强农产品市场流通服务体系建设。加大对农产品流通环节扶持力度,支持农业产业化龙头企业发展仓储及冷链物流设施,向乡镇和农村延伸生产营销网络。探索对农产品电子商务的支持政策,支持企业建立电子商务平台及信息化建设。发挥供销社扎根农村、联系农民、点多面广的优势,与农民开展合作式、订单式生产经营服务,搞好产销对接、农社对接,提高服务的规模化水平。

附录

中华全国供销合作总社关于加快推进电子商务发展的意见

供销经字〔2015〕1号

（二）工作目标。经过3-5年努力，全系统构建起全国电子商务平台和区域型、专业型平台相互支持、线上交易和线下交易融合发展的新格局，成为深化供销合作社综合改革的重要内容、推进农村流通现代化的重要方式、搭建为农服务综合平台的重要支撑。力争到"十三五"期末，全系统流通企业电子商务应用率达到80%以上，基层经营服务网点信息化改造比例达到70%以上，电子商务交易规模占全系统销售总额比重达到40%以上。

（四）着力发展农产品电子商务。将电子商务作为促进农产品流通的重要手段，组织农产品经营企业、行业协会、农民合作社等市场主体，整合当地农产品资源，通过自建平台、借助第三方电子商务平台等形式开展网上销售，注重打造地方特色，塑造地方品牌，使供销合作社成为各地推广名优土特产的重要抓手。联合农民合作社、商品基地、农产品批发市场，依托连锁经营服务网点，重点发展面向本地区的鲜活农产品电子商务平台，促进农产品产销对接，保障农产品有效供给。有条件的地方供销合作社，要建立健全农产品质量检验检测和追溯体系，发展农产品冷链物流，开拓农产品电子商务市场。

（五）努力拓展农村电子商务。发挥县级供销合作社在农村电子商务中的主体作用，大力培育和发展电子商务企业，牵头成立电子商务协会，努力使供销合作社成为推进农村电子商务的组织者和引领者。以提高农村信息化水平为重点，加快村级综合服务中心（社）等基层网点的信息化改造，整合当地农村商业资源，培养农村用户的信息化消费习惯，为农民群众提供网上代购代销、电子支付、票务代理、农业科技和信息技术培训等多种服务，着力打造网上便民综合服务中心。从农村互联网应用的现实条件出发，将供销合作社基层网点作为打通农村电子商务"最后一公里"的关键节点，通过与知名电子商务合作等形式，合作共用基层网点、终端设备等，引导农村商业电子商务化，实现"农产品进城"和"工业品下乡"双向流通。

交通运输部、农业部、供销合作总社、国家邮政局关于协同推进农村物流健康发展加快服务农业现代化的若干意见

2015 年 2 月 16 日

（十三）积极推广农村电子商务。支持电子商务、物流、商贸、金融等企业参与涉农电子商务平台建设。引导农村物流经营主体依托第三方电子商务服务平台开展业务，鼓励乡村站点与电子商务企业对接，推进农村地区公共取送点建设，积极培育农产品电子商务，鼓励网上购销对接等交易方式，提高电子商务在农村的普及推广应用水平，降低流通成本。

（十八）提升农村物流企业的信息化水平。加快农村物流企业与商贸流通企业、农资经营企业、邮政和快递企业信息资源的整合，鼓励相关企业加强信息化建设，推广利用条形码和射频识别等信息技术，逐步推进对货物交易、受理、运输、仓储、配送全过程的监控与追踪，并加快企业与农村物流公共信息平台的有效对接。鼓励农村物流企业积极对接电子商务，创新O2O服务模式。

国务院扶贫办、发展改革委、中央网信办等16部门发布《关于促进电子商务精准扶贫的指导意见》

（国开办发〔2016〕40号）

（二）总体目标。加快实施电子商务精准扶贫工程，逐步实现对有条件贫困地区的三重全覆盖：一是对有条件的贫困县实现电子

商务进农村综合示范全覆盖；二是对有条件发展电子商务的贫困村实现电子商务扶贫全覆盖；三是第三方电子商务平台对有条件的贫困县实现电子商务扶贫全覆盖。贫困县形成较为完善的电子商务扶贫行政推进、公共服务、配套政策、网货供应、物流配送、质量标准、产品溯源、人才培养等体系。到2020年在贫困村建设电子商务扶贫站点6万个以上，约占全国贫困村50%左右；扶持电子商务扶贫示范网店4万家以上；贫困县农村电子商务年销售额比2016年翻两番以上。

中共中央 国务院关于深入推进农业供给侧结构性改革加快培育农业农村发展新动能的若干意见

2016年12月31日

紧紧围绕市场需求变化，以增加农民收入、保障有效供给为主要目标，以提高农业供给质量为主攻方向，以体制改革和机制创新为根本途径，优化农业产业体系、生产体系、经营体系，提高土地产出率、资源利用率、劳动生产率，促进农业农村发展由过度依赖资源消耗、主要满足量的需求，向追求绿色生态可持续、更加注重满足质的需求转变。

商务部、中央网信办、发展改革委《电子商务"十三五"发展规划》

（二）推进电子商务与传统产业深度融合。

以"协调和创新"引领发展，促进电子商务经营模式融入传统经济领域，开创线上线下互动融合的协调发展局面，加快形成网络化产业，全面带动传统产业转型升级。

电子商务促进农业转型升级。完善基础设施，打通双向流通渠道，促进农林产品、农林地区加工品进城，方便农资和消费品下乡，形成服务于现代农业发展的新型农村电子商务体系。加快农林产品商品化、品牌化进程，探索订单农业，加速发展精准农业，形成基于互联网的新型农业生产方式。依托电子商务发展休闲农业、乡村旅游，积极开发农林生态、乡土文化资源价值，促进一二三产业融合发展。

电子商务拉动制造业提档升级。支持制造企业与电子商务企业全面合作，整合线上线下交易资源，拓展销售渠道，打造制造、营销、物流等高效协同的生产流通一体化新生态。支持鼓励物流企业建立行业在线采购、销售、服务平台，探索生产及服务资源的平台化，积极培育工业电子商务新业态。发挥网络消费及采购需求的拉动作用，促进产品质量与设计水平提升，发展基于柔性制造的网络化定制服务。

电子商务加快商贸流通业创新发展。创新流通企业经营模式，拓展供应链综合服务增值空间，开创以交易为核心、多种交付服务为支撑的B2B电子商务创新发展局面。利用新技术加快形成多种消费场景，促进线上线下深度融合发展，推动商贸流通业进入数字化、智慧型发展阶段。

商务部关于进一步推进国家电子商务示范基地建设工作的指导意见

二、发展目标

按照国家电子商务"十三五"发展规划，结合地方电子商务和经济发展情况，发挥政府的引导作用，实施体制机制和政策创新，强化市场的主导作用，进一步激发示范基地和电子商务企业活力，实现创新引领，协调发展 争取到2020年，示范基地内电子商务企业数量达到10万家，孵化电子商务企业数量超过3万家，带动就业人数超过500万，形成园企互动、要素汇聚、服务完备、跨域合作、融合发展的电子商务集聚区。

三、主要任务

（一）强化承载能力，服务电子商务新经济

1. 完善载体功能 围绕电子商务新经济发展需要，示范基地要创新运营服务模式，发挥市场主导作用，进一步完善基础设施和服务体系，向示范基地内企业提供营销推广、技术运维、仓储物流、安全认证、交易追溯、数据存证、法律财税咨询、专利申请代理等服务，打造产业链完整、功能齐备的电子商务产业基地

2. 创新公共服务 整合政府和社会资源，完善线上线下协同的示范基地公共服务平台，打造便捷高效的电子商务公共服务体系 鼓励依托示范基地率先制定和实施电子商务相关行业标准和服务规范，逐步推广 完善示范基地内企业信息采集制度，建立健全电子商务统计监测体系，依托大数据技术加强示范基地管理 开展信用评价服务，探索建立企业信用信息共享机制，促进电子商务产业规范发展

3. 构建协作机制 完善政产学研多方合作机制，鼓励示范基地设立电子商务研究机构、专家工作站、示范基地联盟等，开展电子商务重点课题研究及核心关键技术研发 推动各示范基地间交流合作，形成优势互补、协同发展的健康生态体系 鼓励示范基地推动入驻企业间开展电子商务业务合作

（二）提升孵化能力，支撑大众创业万众创新

4. 营造双创环境 发挥示范基地配套优势，营造有利于创业创新的良好氛围，支持新技术、新产业、新业态、新模式发展 大力发展众创空间等新型孵化器，完善技术支撑服务和创业孵化服务，提升孵化能力 推动示范基地创业孵化与科研院所技术成果转化有效结合，促进大数据、物联网、云计算、人工智能、区块链等技术创新应用

5. 引育双创人才 加大示范基地招才引智政策激励力度，创建有利于吸引人才的生活工作配套环境 鼓励示范基地与政府机构、

大专院校、培训机构、行业协会和企业联合开展实用型人才培训。支持有条件的示范基地设立电子商务创业创新实训基地。创新培训方式,积极发展企业现代学徒制、订单式等培养模式。支持示范基地举办或参与各类电子商务创新创意创业大赛,发现和引育优秀的创业创新项目和创业创新人才。

6. 拓宽资金渠道。鼓励示范基地构建多元化、多渠道的投融资机制。鼓励设立面向示范基地内企业的地方政府创业创新投资引导基金,带动社会资金投入。鼓励示范基地与金融机构合作,依法合规开展金融服务创新,构建企业投资、融资、孵化的良性运作环境和服务体系。

(三)增强辐射能力,推动传统产业转型升级

7. 联动传统产业。鼓励示范基地结合地方经济发展特点,推动电子商务与生产制造、商贸流通、民生服务、文化娱乐等产业的深度融合。引导电子商务企业延伸产业链条,加强纵向整合,助力电子商务精准扶贫,拓展民生消费新领域,提升国际贸易便利化水平。鼓励企业建设信息化追溯系统,提升品牌价值,推进流通创新发展。

8. 发挥辐射作用。进一步充实示范基地电子商务服务资源,提升服务水平,打造区域性电子商务服务辐射中心。面向地方优势产业和重点企业,开展线上线下相结合的资源对接服务,提升企业电子商务应用水平,带动地方产业加速转型升级。

云南省人民政府办公厅关于促进农村电子商务加快发展的实施意见

云政办发〔2016〕69号

二、工作目标

到2020年:

——建立覆盖全省的省、州市、县、乡四级农村电子商务综合服务体系,探索建立村级电子商务服务点;打造20个以上省级农

村电子商务示范县；创建100个以上省级农村电子商务示范企业；发展1000个以上注册地在县乡的电子商务企业法人主体；发展乡村网店10000个以上；培训农村电子商务从业人员15万人次以上；全省省级以上农业龙头企业电子商务应用率达100%，形成具有云南特色的农村电子商务发展模式。

——探索出一批符合当地实际的农村电子商务发展模式，带动农村就业和新型城镇化发展，推动农村经济社会健康快速发展，助推云南脱贫攻坚和转型发展。

——形成全省农村电子商务蓬勃发展的浓厚氛围，农村电子商务与农村一二三产业深度融合，农村电子商务市场主体得到广泛发展，农村电子商务综合应用取得重大突破，全省农村基层电子商务综合服务体系基本形成。

三、主要任务

（一）培育发展农村电子商务市场主体。支持第三方电子商务平台创新和拓展涉农业务，引导省内涉农信息发布平台向在线交易的电子商务平台转型发展。引导农产品经营企业、农民合作社和农业经纪人与第三方销售平台对接，开展农产品网上销售业务。重点支持和培育一批农业"小巨人"电子商务企业，依托自身品牌，在知名第三方电子商务平台开设网络旗舰店、专卖店等零售终端。规范发展大宗农产品现货交易电子商务平台，支持发展一批特色农产品销售和消费品下乡的专业化电子商务平台，逐步形成多层次、宽领域的涉农电子商务交易平台服务体系。对近2年电子商务盈利贡献率高于40%的农业"小巨人"企业实施奖励。（省商务厅、农业厅牵头；省发展改革委、工业和信息化委、财政厅、工商局、供销合作社联合社配合）

（二）加快农村电子商务公共服务平台建设。以全省电子商务综合服务体系建设为统领，充分发挥已建电子商务服务平台渠道作用，整合在建电子商务服务平台资源，实现省内外电子商务服务平台信息交换，打通省内外人才、项目、资金等交流渠道，形成统一的省级品牌化电子商务线上服务平台和覆盖城乡的标准化线下服务站点。加快省、州市、县、乡四级农村电子商务公共服务平台建设，为农业企业、农民合作社、农村实体店、乡村旅游点、农业电子商务企业及农村个体网商、农村电子商务创业者等提供服务。支持基于供应链的电子商务信息平台建设，支持成立电子商务协会并为农村电子商务企业服务。利用各地创业园、众创空间、校园创业平台的免费场地和优惠政策，支持线上线下相结合的电子商务"双创"园区建设，鼓励开展电子商务代运营服务，以此为基础向乡村辐射，为城乡创业者和投资者提供沟通交流、资源共用、效益共享的公共平台。（省商务厅牵头；省财政厅、人力资源社会保障厅、发展改革委、科技厅、工业和信息化委、供销合作社联合社配合）

（三）提高农村电子商务应用水平。加快完善农村电子商务服务业，加强互联网技术在农业生产、加工、流通等环节的应用和推广。引进培训、物流、运营等电子商务服务企业，为农村电子商务发展提供技术支持、仓储物流、网络推广、代运营、培训教育、售后服务等专业化服务。深入实施"一县一品"工程，筛选农村优势特色产品，对产品进行品质认证，推动一批标准化水平较高的特色农产品进行网上集中营销，打造知名网络品牌。深入开展国家农村信息化示范省建设，推动信息进村入户。支持利用电子商务平台宣传和销售品牌地理标志产品。推进"万村千乡市场工程""乡村流通工程"等农村传统商业网点的信息化改造。加大对农村网络基础设施建设投入。（省商务厅、农业厅牵头；省发展改革委、工业和信息化委、教育厅、人力资源社会保障厅、工商局、供销合作社联合社，省通信管理局配合）

（四）健全农村电子商务物流体系。健全县、乡、村三级农村快递服务网络，鼓励企业建设配送中心，发展农村第三方配送，构建农产品快递网络。引导利用现有客运站、交管站、收购站（点）、乡镇邮政局（所）等设施和已有存量用地，建设扩展农村物流设施，提供有关服务。促进快递企业加强与铁路、公路、水

附 录

路、民航等运输企业合作，实施快递"上车、上船、上飞机"工程。支持快递企业加强与农业、供销、商贸企业的合作，打造工业品下乡和农产品进城双向流通渠道。鼓励探索发展具有我省特色的农村物流快递体系。推动涉农电子商务进城市社区，鼓励社区配套生鲜农产品电子商务配送终端设施，实施城市集中（共同）配送。支持开展农产品全程冷链物流，完善鲜活农产品（果蔬、肉类、水产品）各环节的包装、保鲜等冷链物流技术规范和标准化配送车辆的营运技术规范。（省商务厅、省邮政管理局牵头；省发展改革委、交通运输厅、农业厅、供销合作社联合社配合）

（五）推进实施重点工程。按照商务部、财政部关于开展电子商务进农村综合示范工作的部署要求，以推进农村流通现代化、完善农村现代市场体系为目标，加大对电子商务进农村综合示范县的支持力度，建设农村商贸物流配送及综合服务体系，开展农产品品牌培育和质量保障体系建设。推进乡村新型商业中心建设试点工作，打造农村商贸流通体系建设升级版，进一步释放农村消费的空间和潜力，探索形成具有云南特色的电子商务进农村发展模式，实现农村消费便利化、综合化、统一化、标准化、文化化。实施电子商务及跨境电子商务兴边富民三年行动计划，重点支持农村电子商务服务体系及营销网络建设，以沿边、贫困地区为重点，打造"互联网+流通"的农村电子商务发展新业态。（省商务厅牵头；省农业厅、财政厅、发展改革委、人力资源社会保障厅、质监局、供销合作社联合社，省邮政管理局配合）

（六）营造农村电子商务发展环境。加大农村电子商务宣传力度，引导社会各界关注和支持农村电子商务发展，总结推广农村电子商务成功经验。调动高校毕业生、返乡青年、农民工、大学生村官、农村青年、致富带头人、退伍军人等参与农村电子商务的积极性。建立农村电子商务发展孵化体系，在省级层面建设统一对外连接全国知名电子商务网站、提供专业专项电子商务服务的线上平台，在乡村建设面向广大农户的产品加工、包装、仓储和配送等线下服务网点,为农业网商和农村创业青年提供便捷优惠的电子商务公共服务,培育一批在农村扎根的电子商务人才及企业。鼓励基础电信、广电企业和民间资本通过竞争性招标等方式公平参与农村宽带建设和运行维护,促进宽带网络提速降费,结合农村电子商务发展,持续提高农村宽带普及率,探索通过PPP、委托运营等市场化方式调动各类主体参与的积极性。逐步建立农村电子商务监管及质量保障体系,打击网上销售假冒伪劣商品等违法行为,推进农村电子商务诚信建设。鼓励各县、市、区按照政府引导、市场运作的方式,先从农村土地确权数字化和种养殖信息技术应用、生产管理可视化、物联网化、数字化等方面入手,推动生产端信息化改造,为进入产业互联网平台上线交易创造条件。(省农业厅、商务厅牵头;省发展改革委、工业和信息化委、旅游发展委、人力资源社会保障厅、工商局,省通信管理局配合)